家族変動と子どもの社会学

子どものリアリティ／子どもをめぐるポリティクス

野辺陽子 編
元森絵里子・野田 潤・日比野由利・
三品拓人・根岸 弓

新曜社

はじめに――子どものリアリティとポリティクス

野辺陽子

「私はギリギリ意思確認を経て生まれてきた世代だけど、生まれる前のことは何も覚えてないんです。何を知らされ、何をどう考え、何故生まれてくることに決めたのか、何一つ記憶に残っていない。ただ、自分は自分の意思で生まれてきたという事実だけが重要で、どんな挫折に遭っても、生まれてきたのは自分の選択だ、この人生は自分が選んだものだ、そういうことを思い出すだけで、すごく勇気が湧いて何でも乗り越えられるような気持ちになるんです。」（李 2021: 171）

本書は、家族の個人化と指摘される時代に、家族成員のなかで光が当たりにくい子どもの経験を、特に子どもの主観に着目して、明らかにしようとするものだ。

現代の家族変動を論じる際、家族の個人化がキーワードになって久しい。ドイツの社会学者のウルリッヒ・ベックとエリーザベト・ベック＝ゲルンスハイムによれば、「個人化」とは、伝統の拘束から解放された個人が選択によって自分自身の人生を創り、その結果が失敗すれば個人の責任となるような「全体社会に基づく構造原理」（Beck & Beck-Gernsheim 2002=2022: 275）を指す。

「家族の個人化」とは、必要性の共同体である「伝統的家族」が、選択される関係（Beck & Beck-Gernsheim 2002=2022: 144）に、そして交渉に基づく多様な関係から成り立つ暫定的な家族（Beck & Beck-Gernsheim 2002=2022: 342）に変化し、個人が離婚などの人生上の様々な「リスク」を処理することを余儀なくされるプロセスを意味する。

家族の個人化は、家族の中の弱者、特に子ども――近代社会においては自律的な個人とみなされない――をどう扱うかという近代社会の難問を再提起する。本書での子どもとは、親に対する子どもと大人に対する子どもの二つを意味するが[(1)]、親に対する子どもを考えてみれば、子どもは生まれてくる親子関係や家族関係を選択できず、関係の解消もできない。また、大人に対する子どもを考えてみても、乳幼児などの低年齢の子どもは自己決定が困難であり、子どもの意思にかかわらずケアの与え手を供給する必要がある。

社会におけるこのような子どもの位置づけのため、家族の個人化の議論において、子どもという存在は個人化を食い止める要因として、一方、個人化した後の子どものケアをどうするかという問題を提起してきた。特に個人化後のケアについては、家族のあり方にかかわらず、すべての子どもに一定水準の良好なケアと配慮を保障する「子どもの保護」が課題となり、さらに近年では、子ども自身を権利の主体として、家族をめぐる課題に参入させようという動き――子どもの「準主体化」とも呼べるような――がある。

このように、家族が個人化すればするほど、「子どもはどうなるのか」という問題がせりあがってくるにもかかわらず、子どもは現状において家族を選択できないため、家族の個人化の議論からは子ども自身の主観が抜け落ちる傾向があった。つまり、子どもが親・大人とは異なる選好や意思をもつ別個の人格であることが等閑視されてきたといえる。

家族の個人化の議論において子どもはひとつの論点になっているにもかかわらず、子ども自身が家族やケアをどのように経験し、解釈しているのかを明らかにしようとする研究は非常に少ない。既存の家族の個人化のもとでの多様な親子関係やケアに関する研究は、多くが親・養育者を対象に行われた研究であり、それらが、親子関係やケアの研究としてまとめられがちだった、といえるだろう。

しかし、子どもは親・養育者とは異なる位置性 positionality を帯びた存在である。親子関係という非対称に構築された権力関係の中で子どもは脆弱な立場に置かれている。また、ケアという関係においては、子どもは基本的にケアの受け手である。親子関係やケアを関係性や相互行為という社会学的な視点から捉えようとするならば、権力を持つ者・ケアの与え手だけではなく、権力を持たない者・ケアの受け手にも注目する必要があるのではないか。子どもの主観的経験に注目することは単に研究上の穴を埋めるという以上に、今まで家族の個人化の議論のもとで多様な親子関係・ケアとしてまとめられてきた研究に新しい論点を付け加えるという射程をも含んでいる。

そこで、本書では、子どもを社会学的に記述・分析するための理論的資源となる論考、そして、当事者としての子ども――利害関係者としての子ども、権利を主張する子ども、ケアの受け手としての子ども、児童福祉制度のユーザーとしての子ども――の経験に迫る論考を集めた。とはいえ、本書は単に子どもの経験をルポルタージュとして紹介するわけではない。また、単にその経験を人権などの「普遍的価値」に照らして評価するわけでもない。本書は子どものリアリティ（主観的経験や解釈実践など）を子どもをめぐるポリティクス（複雑な文脈と効果など）との関連で社会学的に読み解いていくことで、家族の個人化のもとに語られてきた多様な親子関係・ケアに関する議論に新たな論点を提示することを目指している。

注

（1）「子ども」も「性別」や「人種」などと同様に社会的カテゴリーのひとつである。ゆえに、本稿で扱う子どもとは、社会のなかで「子ども」というカテゴリーを割り当てられた者たちを意味するが、特にカテゴリーを強調したい時以外は用語が頻出し煩雑になるため、括弧は付けずに表記する。

文献

Beck, Ulrich & Beck-Gernsheim, Elisabeth, 2002, *Individualization: Institutionalized Individualism and its Social and Political Consequences*, SAGE.（中村好孝他訳　2022『個人化の社会学』ミネルヴァ書房）
李琴峰　2021『生を祝う』朝日新聞出版

目次

家族変動と子どもの社会学

——子どものリアリティ／子どもをめぐるポリティクス

序章　家族変動と子どもをとらえる視点

野辺陽子

本書では、子どものリアリティと子どもをめぐるポリティクスを明らかにする作業を通じて、家族の個人化やそのもとに議論されてきた多様な親子関係・ケアの議論について新たな論点を付け加えることを目的としている。本書の理論的な問いは、以下の二つである。①子どもは現在の家族の個人化（親の個人化）や自身の「準主体化」をどのように経験しているのか。②子どもは「子どものため」の制度・実践・価値観（家族規範、子ども観など）をどのように経験しているのか。また、具体的なリサーチクエスチョンは、ⓐ子どものリアリティはどのように構成されるのか。ⓑ子どもをめぐってどのようなポリティクスが働くのか。ⓒリアリティとポリティクスを合わせてみていくことで現代のどのような社会状況が浮かび上がってくるのか。以上の三つとなる。

1. 家族変動と子ども

（1）子どもの主観の不在

現代の家族変動を論じる際、家族の個人化がキーワードになって久しい。本書「はじめに」でも述べたように、ドイツの社会学者のウルリッヒ・ベックとエリーザベト・ベック＝ゲルンスハイムによれば、個人化とは「社会制度および個人の社会に対する関係性の、構造的・社会学的変容を指す概念」（Beck & Beck-Gernsheim 2002=2022: 341）であり、具体的には伝統の拘束から解放された個人が選択によって自分自身の人生を創ることを意味する。この変容は「自分で選んだ生活様式」ではなく、「制度的な制約や要求のもとでの生活様式」（Beck & Beck-Gernsheim 2002=2022: 215）である（「制度化された個人主義」）。つまり、社会の基本的な条件（福祉国家による個人を単位とした社会保障や労働市場など）により、個人は選択する人生を許される／強いられるようになる。しかし、自由な選択はさまざまな制度的な制約によって常に実現するわけではない。選択が実現できなければ個人が調整しなければならず、選択の結果が失敗すれば個人の責任となる。このような「全体社会に基づく構造原理」（Beck & Beck-Gernsheim 2002=2022: 275）を「個人化」という。

「家族の個人化」とは、必要性の共同体である「伝統的家族」が、選択される関係（Beck & Beck-

Gernsheim 2002=2022: 144）に変化し、交渉に基づく多様な関係から成り立つ暫定的な家族（Beck & Beck-Gernsheim 2002=2022: 342）になることを意味する。

家族の個人化については、伝統として所与や義務と考えられてきた家族を個人が「ライフスタイル」として選択できるようになり、画一的な家族から多様な家族に変化していく側面がポジティブに評価されてきた（野々山 1996）。一方で、個々人の選択の増大によって生じる家族成員間の対立・葛藤や、家族の解消が容易になることから生じる家族の不安定化・リスク化、階層化という側面がネガティブに評価されてきた（Gerson 2000: xii; Beck & Beck-Gernsheim 2002=2022; 山田 2004）。

家族の個人化をポジティブに評価するにせよ、ネガティブに評価するにせよ、論点となってくるのが子どもの存在である。個人の自由な選択の代償として大人のカップル関係などが不安定化・リスク化することは避けられないとしても、その選択の結果、ケアを必要とする弱者とケア責任者との関係が不安定化すれば、被害を受けるのはケアを受けられなくなる弱者である。そのため、弱者、なかでも子どもの存在は家族の個人化を押しとどめると指摘され（広田 2002: 260; 野田 2008: 57）、さらに、家族が個人化した後に子どもをどう安定的なケア関係のなかに置くかが課題となってきた（広田 2002: 260; 広田 2006a: 23; 山田 2004: 352）。

家族の個人化は、「子どものため」に諸制度や実践を再構築すること、具体的には常に適切な養育者を確保すること、貧困など子どもに不利な条件がある家族を支援すること、複雑な家族関係や家族経験が子どもにとってスティグマにならないようにすることなどの議論を改めて活性化させる（広田 2002: 260）。そして同時に、制度や実践と関連する家族規範や子ども観を「子どものため」に再編する議論を促している（野辺 2016: 192）。

では、子ども自身は個人化という家族変動や「子どものため」の制度・実践・価値観（家族規範、子ども観など）をどのように経験しているのだろうか。家族の個人化では個人の選択がひとつのメルクマールとなるため、選択する主体として自律した個人とされる大人が想定されてきた。子どもは生まれてくる親子・家族関係を選択できず、（乳幼児などは）自己決定が困難であると考えられているため自律した個人とはみなされず、家族の個人化の議論からは子どもの主観が抜け落ちる傾向があった（野辺・片岡 2021: 22）。

（2）社会の動きと子どもの動き

一方、二〇〇〇年代後半から家族関係の解消や養育環境の決定に子どもの意思を関与させる制度が創設され、子ども自身による社会運動や支援活動も活発化するなど、家族の課題に関して子どもを主体化させる／子どもが自ら主体化する動きが顕在化してきている。

・法制度

二〇一一年の民法改正前は、児童虐待などの場合に親権を制限する「親権喪失」「管理権喪失」の審判の申立権者は「子の親族又は検察官」だった。しかし、同年の民法改正によって「親権喪失」「管理権喪失」の審判に、新設された「親権停止」の審判も加えて、申立権者に（未成年でも判断能力がある場合には）子ども本人も含まれるようになった。つまり親権者との関係を解消・停止するためのアクションを子ども側から起こせるようになったのである。

同二〇一一年成立の家事事件手続法は、家庭裁判所は未成年の子どもが影響を受ける親子、親権そのほかの家事審判（親の離婚訴訟、非行少年の審理など）の手続きにおいて、子どもの意見の聴取、家裁調査官による調査そのほか適切な方法により、子どもの意思の把握に努め、年齢および発達の程度に応じて子どもの意思を考慮すべきと規定し（六五条）、子どもの権利条約一二条（意見表明権）の趣旨を反映した条文が置かれた（吉田 2020: 3）。

二〇一七年に改正された児童福祉法では、社会のあらゆる分野において、児童の年齢および発達の程度に応じて、児童の意思が尊重され、児童の最善の利益が優先して考慮され、心身共に健やかに育成されるように努めなければならないと定めている（二条）。児童養護施設や里親委託などの保護措置の際には、子どもの意見を尊重することがより強く求められるようになった（二六条②）。

このように子どもの意見表明権を保証する制度が整備されてきた。しかし、子どもは大人と同等に家族関係や養育環境に関して意思決定できるわけではない。子どもは意見を表明するが、それがそのまま決定になるわけではない（子どもの意見表明≠子どもの自己決定）。処遇は裁判官やソーシャルワーカーなどの専門家が子どもの意見表明を判断基準のひとつとしながら「子どもの最善の利益」の観点から決定する（子どもの意見表明≠子どもの最善の利益）[1]。その意味で、制度のなかで子どもは大人と同様の主体となったわけではなく、「準主体化」されたといえる（野辺・片岡 2021: 23）。とはいえ、少なくとも制度的には親子関係や養育者との関係の選択不可能性や解消不可能性を（領域は限られているものの）子ども側から部分的であれ相対化できるようになってきたともいえる。

・当事者

子ども自身による社会運動や支援活動もまた、ここ十年間で活発になってきている。例えば、カップル以外の第三者からの精子提供で生まれた子どもたちは、二〇一〇年に「第三者の関わる生殖技術について考える会」を立ち上げ[2]、「第三者の関わる生殖技術の是非を、今一度問い直す」ことを会の目的のひとつとし、「第三者の関わる生殖技術にSTOP!!」という集会を開いた。子どもたちは「生まれた子どもの意見を尊重した医療の実施がなされていない」（非配偶者間人工授精で生まれた人の自助グループ・長沖暁子編 2014: 36）と批判を行い、さらに、生殖補助医療はこれまで主に大人の論理で進められ、「子どものため」というのはあくまで親や大人の考えであって、子どもの意思と乖離しており、精子提供で生まれた子どもは、新たな当事者として議論に参加する権利があると主張した（才村編 2008）。

また、近年では、児童養護施設経験者を中心とする当事者活動が広がりをみせており、相談活動、サロン活動といった居場所づくりや、社会的養護に関する情報発信などを行っている（内田 2011: 178）。例えば、二〇〇一年には「CVV（Children's Views & Voices）」が児童養護施設生活者／経験者が安心でき、人とつながれ、エンパワメントされる居場所づくりなどの活動を始め、続いて二〇〇六年に「日向ぼっこ」（東京）、二〇〇八年に「こもれび」（千葉）、二〇〇八年に「なごやかサポートみらい」（愛知）が発足した。これらの当事者活動は、セルフヘルプ・グループとしても活動するのみならず、現状変革のための政策提言的な活動も行っている（内田 2011: 179–183）。

（3）今、子どもに何が起こっているのか？――複雑な効果とポリティカルな文脈

従来の家族の個人化に関する議論では、子どもの保護は論点となっても子どもの主体性はほとんど論点となってこなかった。しかし、ここまで確認してきたように、近年になって、親子関係や養育環境に関する制度に子どもの意思を反映させる制度改革、さらには子どもの意見表明権や参加を支えるアドボカシー（権利擁護）活動（栄留 2015）や、子ども自身が「子どものため」に家族や養育環境について声をあげる活動が活発化しており、家族（親）の個人化のみならず、子どもの準主体化とも呼べるような動きも顕在化してきている[3]。

今、子どもに何が起こっているのだろうか。私たちは現在のこの状況をどのように記述・分析するべきなのだろうか。

当事者参画やエンパワメントの議論を参照すれば、当事者（子ども）が自身に影響する事柄に関する決定や選択へ参加することは、それまで専門家が独占していた権力を当事者にも分配することであり、当事者の主体性を尊重する「民主的過程」であると解釈される[4]（林 2008: 30–32）。

一方、場合によってはこれらの実践が逆機能する可能性もある。子どもの意見表明権の重視は子どもの権利の保障であると同時に、子どもに「意見表明せよ」という強制・圧力にもなりえるからだ。子どもはしばしば「大人の問題」に判断を下したがらないため、子どもの権利の保障のみ強調すると、子どもが家族の問題に意見表明したがっていると周囲が拡大解釈してしまう（Oswell 2013: 106）。また、子どもの意見表明の結果が「子どもの自己責任」という解釈につながれば、子どもの準主体化は

新自由主義によるライフスタイルの主体の創出の一貫、すなわち個人にライフスタイルの選択権を与えると同時に、その責任の引き受けを要請するリスク管理の私化だとも解釈されるだろう[5]（林 2008: 64）。

子どもの準主体化が逆機能する可能性に加えて、子どもの声をめぐるポリティカルな文脈もある。子どもの権利保障として子どもの意思や主張を親・養育者の希望よりも優先すれば、親・養育者の自由なライフスタイルを制限することになるため（片岡 2010: 52）、子どもがどのような場で何を語るかには現在大きな掛け金がかかっているといえる。

このような指摘を具体的に検証するために、議論の当事者である子ども自身のリアリティ（主観的経験や解釈実践）を明らかにする必要性がますます高まっているのではないか。子どもは現在の家族の個人化（親の個人化）や自身の準主体化をどのように経験しているのだろうか。また、「子どものため」の制度・実践・価値観をどのように経験しているのだろうか。子どもの視点なしに構築されてきた議論に子どもの視点を入れることは、既存の多様な親子関係やケアの議論を複層化させ、新たな論点を付け加えることにつながるのではないだろうか。

次節では、家族の個人化論の概要と、多様な親子関係やケアについての実証研究について確認し、何がどこまで明らかになっているのか確認したい。

2. 家族研究が子どもについて論じてきたこと／論じてこなかったこと

まず、家族の個人化論の概要と、そこで子どもがどのように論じられてきたかを確認する。家族の個人化を論じる際には、社会制度や個人と社会の結びつき方の質的な違いを区別するため「第一の近代」「第二の近代」という理念型が使われることが多い。そこで、以下では、この理念型にそって家族の個人化論における子どもの位置づけを確認する。なお、ベックは日本における近代化の発展経路について、「前近代、第一の近代、第二の近代が、絡まり合いながら並存している」と解釈している（ベック 2011: 252）。

(1)「第一の近代」における家族と子ども

第一の近代における個人化においては、個人が伝統的共同体から解放されると同時に、相対的に安定した中間集団――近代化にともなって新しく誕生した家族――に埋め込まれた（鈴木 2015: 15）。この近代化に伴って誕生した家族をベックは現代から見て「伝統的家族（夫と妻と子どもの間の持続する絆）」（Beck & Beck-Gernsheim 2002=2022: 221）と呼ぶが、日本ではほぼ同じ性質を有すると考えられる家族のことを「近代家族」（落合［1994］2019）と呼ぶことが多いため、以下ではベックの呼ぶ「伝統的家族」を「近代家族」と互換的に使用する。この近代家族は、可愛がり教育する対象としての子どもを中心に再構築され、親にとっての子どもの価値はそれ以前の「生産財」（労働力）から「消費財」（楽しむもの）に変化した（落合［1994］2019: 58–61）。

子どもについては、近代家族のなかにいる子どもはそれ以前の時代より配慮を受けるようになった反面、「愛という名の管理」（落合［1994］2019: 64）を受けることとなった。一方、近代家族の外にいる（近代家族ではない家族を生きる、あるいは家族をもたない）子どもには、スティグマが付与されたり経済的不利を抱えたりすることが指摘されてきた[6]（野辺 2021）。

第一の近代の家族を論じる議論においては、子どもが親に「属する」ことが当然視されたため、子どもの自由や権利に関する関心は薄く（片岡 2016: 1）、「子ども中心主義」の家族と指摘されるにもかかわらず、子どもを相互行為の主体としてとらえる議論はほとんどなかった。

（2）「第二の近代」における家族と子ども

第二の近代における個人化では、中間集団（近代家族）が弱体化し、女性にも選択や自己実現が許容／強制されることで家族は多様化し、近代家族は支配的な家族モデルではなく多様な家族のひとつになる。なお、多様な家族には差異があり、意識的に選ばれるもの、非自発的に経験されるもの、また関係も続けるつもりのもの、一時的なものもある（Beck & Beck-Gernsheim 2002=2022: 221; 鈴木 2015: 15）。

個人化の結果生まれたさまざまな「新しい家族」、例えば離婚・再婚による家族の一つの特徴は「誰が実際に家族に属しているのかはっきりしない」ということ、つまり統一的な定義がないことである。代わりに、家族成員がそれぞれの「誰が家族に属しているのか」という定義を持ち、それぞれのパッチワークファミリーのバージョンを生きている。家族のつながりの維持は当然のものではなく自由な選択であり、どのつながりをアクティベートするのか自由範囲が広い（Beck & Beck-Gernsheim 2002=2022: 161-2）。そのため家族成員の葛藤が生じ、家族の絆はより流動的になり、合意形成の試みが成功しなかったら家族は崩壊する恐れがある（Beck & Beck-Gernsheim 2002=2022: 163-4）。

各家族成員は自分独自の関心や経験、計画を家族に持ち込み、それぞれが異なる統制やリスク、規則のもとにあるため（Beck & Beck-Gernsheim 2002=2022: 164）、家族は「極めて異種の関係性の集合体」（Beck & Beck-Gernsheim 2002=2022: 344）となる。さらに、それに従ってさえいれば済むような、所与の義務と機会のセットもなければ、日々の労働や男女間／親子間の関係を組織化する方法もなく（Beck & Beck-Gernsheim 2002=2022: 342）、家族成員は（選択のみならず）交渉と調整を行なうことを余儀なくされる。そして、「家族の親密性へのますます増加する欲求を、いかにして男性、女性、子どもたちの自由と自己実現への新たな欲求とに接続させることができるのか、誰も知らない」（Beck & Beck-Gernsheim 2002=2022: 49）。「愛や苦しみ、多様性という『正常な混沌』」（Beck & Beck-Gernsheim 2002=2022: 164）が広がっていることが第二の近代の「新しい家族」の特徴とされる。

なお、第二の近代においては伝統から自由になったとはいえ、伝統がもはや役割を果たしていないわけではない。伝統が役割を果たしていることもしばしばある。しかし、伝統は選択されなければならないし、創出されなければならない。伝統が力を持ちうるのは、個人の決定と経験を通してのみである（Beck & Beck-Gernsheim 2002=2022: 45）。

以上がベックが論じる第二の近代における家族の個人化と家族の特徴であるが、ベックは子どもについては親の離婚を事例に「子どもも自分独自の願いを持っている」（Beck & Beck-Gernsheim 2002 2022: 159）と述べる程度で、相互行為の主体としての子どもについてはほとんど議論を行なっていない。そこで、第二の近代の個人化に関連して子どもについて論じている議論をみていきたい。

カナダの社会学者のチールは、「個人化のプロセスは大人だけではなく、子どもの人生や子どもと親との関係性に影響を与え」（Cheal 2008: 103）、「多くの親子の関係は、単に伝統的規範や価値、決定された社会化の標準、親の地位から生じる権威に従っているわけではなく、親子関係は交渉に開かれている」（Cheal 2008: 104）と指摘する。

一方、イギリスの社会学者のギデンズは、家族を含む親密な関係が、「純粋な関係性[7]」、すなわち個人の選択によって形成したり、離脱したりできる関係になってきたと指摘する（Giddens 1991=2005, 1992=1995）。ギデンズが念頭においている「純粋な関係性」は主にセクシュアリティ、婚姻関係、友人関係であるが、親子関係も純粋な関係に変化しつつあると指摘している[8]（Giddens 1991=2005: 109-10）。ギデンズは継親子を例にあげ、親子関係においても信頼関係や互いに対する思いやりや気遣いという関係の質が重視されるようになり、血縁関係だけでは、親子関係の維持は期待できなくなっていると指摘している（Giddens 1991=2005: 109-10）。

第二の近代の家族の個人化論では、親の個人化がもたらした子どもの変化（ただし、子どもが行なうのは選択ではなく交渉である）が指摘され、子どもは親・養育者と対等ではないものの家族のなかで相互行為を行なう主体として位置づけられるようになってくる。しかし、子どもが親子関係という非対称な関係のなかで交渉することは可能なのだろうか。可能だとするならば、どのような場合にどのような交渉が可能なのだろうか。

ベックらの『個人化の社会学』では、夫婦関係の交渉については妻側のさまざまな戦略が記述されているものの、親子関係やケアについてはほとんど論じられておらず、特に子どもが行なう交渉などを含む子どものリアリティについては詳細な議論がない。また、残存・選択される伝統が親子関係やケアの場でどのように表出するのかについても詳細な議論がない。これらの点について検討することは、第二の近代の家族の個人化論において指摘された「新しい家族」および「交渉する子ども」という新たな子ども観について議論を深めることにつながるのではないだろうか。

次に、日本で子どもを調査対象とした親子関係やケアに関する経験的研究から、残存・選択される伝統や子どものリアリティについて何が明らかになってきたのかを確認する。

(3) 子どもに対する経験的調査——子どものリアリティと家族規範

二〇〇〇年代以降、近代家族以外の家族における親子関係やケアの質的研究が蓄積されてきた。それらの研究においては、親・養育者を対象とした研究が多いが、子どもを対象にした研究も蓄積されつつある。子どもを対象とした研究においては、子どもの葛藤と対処などを明らかにする作業を通じて、親・養育者・ケアの与え手とは異なる、あるいは親・養育者・ケアの与え手からは見えづらい子どもの葛藤・ニーズや、子どもが関係を構築していくプロセス、子どもの解釈実践などが主にインタビュー調査などから明らかにされてきた。

親子関係やケアを当事者の視点から検証する際、論点のひとつとなるのが家族規範である。その理由は、第一に、多様な親子関係・ケアの当事者において価値レベルの変化がみられるのか（＝家族変動が起こっているのか）を検証するためであり、第二に、「伝統的家族」（近代家族）から離脱することによる当事者の葛藤や困難に焦点を当てるためである。

第一の点については、家族変動論では、家族形態の変化のみならず、家族規範の変化が主要な論点のひとつとなってきた。家族形態の変化が家族規範の変化を伴っているかどうか（例えば家族形態の多様化は従来の家族規範の弛緩を伴っているのかどうか）は統計上の家族形態の変化からは判断が難しい（Beck & Beck-Gernsheim 2002=2022: 145）。そのため、多様な親子関係やケアの当事者がどのような意識のもとで行為を行っているのかが問いの対象となってきた（松木 2003: 147）。

第二の点については、多様な親子関係やケアの当事者である子どもが抱く葛藤や困難は「再分配、承認」の問題（志田 2021）や「社会経済的な不利益や貧困、家族関係の調整、心理面の葛藤」（野辺 2020a）などに整理されてきた。そこで、経済的困難のように「見えやすい」要因のみではなく、「見えにくい」要因を探ることの必要性も主張され（志田 2021: 18）、特に「承認」[9]や「心理面」については「家族規範が生み出す子どもの生きづらさ」（志田 2021: 11）が指摘されてきた。家族の構造と機能が標準的な家族（≒近代家族、「伝統的家族」）ではない家族で生きる子どもは「ふつうではない」という思いから葛藤を抱えることがさまざまな研究から明らかになっている。さらに、家族規範はさまざまな構成要素から成っており、何が当事者にとって葛藤になるかは、当事者が生きる家族・養育環境の構造・機能によって異なり、当事者の葛藤から何が家族規範だったのかを事後的・帰納的に知ることができる（野辺 2020a; 志田 2021）。

家族構造の面の家族規範の例としては、「一対の男女・夫婦と子ども」（志田 2021）、「両親性」（梶井 2013）、「初婚継続家族」（野沢・菊地 2014）、「父母の愛の結晶」（橋本 2002）、「モノではなく人が関わって生まれたこと」（非配偶者間人工授精で生まれた人の自助グループ・長沖暁子編 2014: 25）、「望まれて生まれたこと」「自分の遺伝子を知っていること」（野辺 2018）、「異性愛」（三部 2014）、「親がいること」「家庭で育つこと」（田中 2009）などが指摘されている。家族機能の面の家族規範の例としては「親が子どものケアを行っていること」（＝「近代家族の自助原則」）、「親が子どもに愛情を持っていること」（＝「近代家族の愛情原則」）（志田 2021）などが指摘されている。

子どものケア（なお、ここでの「ケア」とは通常の親子関係において想定されている子育て以上の／以外の子どものケアを意味することとする）については、ケアの受け手としての子どもを対象とした研究は少ないものの、以下のことが指摘されている。

里子を対象とした研究（御園生 2007）では、里子の成育歴によって家族認識・里親像が異なり、それによって里子の不安や心理的葛藤も異なることが指摘されている。児童養護施設の入所児を対象とした研究（伊藤 2010）では、子どもが施設内の人間関係をどうとらえているかが施設生活への満足度に影響していること、児童養護施設の退所児を対象とした研究（田中 2009）では、施設入所前の家族崩壊そのものよりもスティグマの付与過程が子どものパーソナリティ形成に深刻な影響を与えており、生活・経済基盤は代替機関によってフォローされるが、スティグマは解消されないことなどが指摘されている。

これらのことが子どもを調査対象とした親子関係やケアに関する経験的研究から明らかになってきた。親・養育者とは異なり、子どもは家族や養育環境を選択する余地はほとんどなく、自立できるまで親・養育者（もしくは代替機関）から経済的・身体的・精神的ケアを受ける必要がある。このように親・養育者とは異なる位置性 positionality をもつ子どもを対象とした研究によって、子どもは家族規範を内面化も相対化もしていることや、自分自身や親・養育者や周囲との相互行為においてさまざまな解釈実践（家族規範を解釈資源・交渉資源とすることもある）を行っていることが明らかになっている（梶井 2013; 野辺 2018; 三部 2014; 志田 2021; 田中 2009 など）。しかし、本章の第1節で指摘したような親の個人化をめぐる交渉や自身の制度内での準主体化、「子どものため」の制度・支援・価値観などと突き合わせて考察されているわけではない。

3. 子どもを社会学的に分析するために

本章の最後に、特に「親／子ども」というカテゴリーの子どもを念頭におき、子どものリアリティと子どもを取り巻くポリティクスを合わせてみていくための視点について議論したい（「大人／子ども」というカテゴリーの子どもを分析する視点は本書第1章の元森論文を参照）。

これまで、子どもを論じる際の理論的資源となってきたのは、一九六〇年に出版されたフランスの歴史学者アリエスの『〈子供〉の誕生』を嚆矢とした子ども観の構築という視点と、一九八九年に制定された「子どもの権利条約」が提示した普遍的な価値観（基本的権利）という視点だった（南出2020: 57）。しかし、社会の子ども観がいかにして構築されているのかを明らかにしても、また、普遍的な価値観と現実がどれだけ乖離しているのかを明らかにしても、子ども自身のリアリティは見えてこない。そのため、本書では社会の子ども観や子どもの権利条約を子どもの解釈実践に影響を与える複数の解釈資源とのひとつとしてとらえる（Oswell 2013: 99）。そのうえで、本書では以下の視点をとることとしたい。

(1) 子どものリアリティ構成

本書は子どものリアリティに接近するため、子どもを「当事者」[10]（上野 2021）として位置付け、子どもの語りや行為を分析対象とする。インタビュー調査が可能な年齢・状況の子どもに対してはインタビュー調査から得られた語り、そして子どもが思いを語ったさまざまなテクストや映像、子どもの参与観察から作成したフィールドノーツなどが分析対象となる。しかし、子どものリアリティは真空状態に「まったき」状態で存在しているのではない。本章第2節で確認したように、子どものリアリティは家族規範を構成するさまざまな要素や社会の子ども観、子どもに関する専門家言説（子どもの権利条約なども含む）などを解釈資源とした自己との相互作用、他者（親・養育者、専門家、友人、学校、地域社会など）との相互作用、制度や支援の条件などさまざまな環境から構成されるものである（野辺 2018: 245; 野辺 2020a: 54）。

（2）語りをめぐるポリティクス

次に考慮しなければならない点は、子どものリアリティが他者に向けた語りとなるとき、また語りが当事者以外の者に利用されるとき、さまざまなポリティクスが作用するという点である。

第一に、語りが生成される文脈である。子どもの語りには現在大きな掛け金がかかっている。子どもの語りが、親・養育者や専門家が考える「子どものため」の制度や実践の主張と重なれば、彼らの主張の根拠となるため歓迎され、対立すれば歓迎されない可能性もある。そのため、子どもの語りをめぐって、語らせる／語らせないさまざまなポリティクスが働く。また、子ども自身も周囲の期待や反応によって、微妙に語りを変える可能性がある（野辺 2020b）。

第二に、語りが利用される文脈である。そもそも当事者の経験は多様であるため、「当事者なら当事者の気持ちが分かる」わけでも「当事者の利益を代弁できる」わけでもない（貴戸 2018: 234）。しかし、「当事者の語り」が運動論的な権利主張の物語へと結びつく過程で、当事者ひとりひとりの語りの多様さが捨象されることがある。また、当事者の語りならどのような語りでも社会で広く受け入れられるわけではなく、社会が好むストーリーもある[11]（野辺 2020a: 57）。このように多様な当事者の語りが取捨選択され画一化される過程で、当事者の場合によっては矛盾やずれを含む丸ごとの語りが否認され、当事者に対して「〝当事者の物語〟をこのように語れ」という圧力がかかる可能性もある[12]（貴戸 2018: 116）。

当事者の語りを扱う既存研究においては、このような語りのポリティクスがすでに指摘されているため、これらの点も分析の際に考慮する必要があるだろう。

（3）分析対象としての「子どものため」――規範概念から記述概念へ

本書の作業を通じて、位置性の違いに起因する親・養育者や専門家と子どもとの経験や解釈の違いが明らかになるが、本書はそのことを根拠に新たな「子どものため」の規範や実践の構築を目指すわけではない。本書が描こうとするのは、現代の子どもが置かれている複雑な文脈や構造である。

従来、特に子どもに関するより良い政策や支援を志向する研究では、「子どものため」にあらかじめ望ましい基準（目標とする状態）を設定して現状を評価し、基準と現状とのズレを問題化し、そのズレをどのように埋めるかという議論を行なう傾向があった。

本書はこのようなタイプの研究とは異なる研究を目指している。その理由は、望ましい基準として「正しい家族・ケア」を構築することで、それ以外のタイプの家族やケアを「矯正すべき家族・ケア」として序列化・スティグマ化する可能性があるからだ。とはいえ、すべての家族やケアが「多様な家族・ケアのひとつ」として相対化されたとき、困難を抱えた家族や子どもがそのまま放置される危険性もある。画一性・強制を批判し、多様性や選択を強調することが構造的要因による不利益の軽視につながれば、当事者の困難は「好きで選んだ生き方の結果」、すなわち個人的な問題とみなされる可能性がある。「介入を必要とする家族・ケア」という解釈と「それ自体多様な家族・ケアのあり方のひとつ」という解釈との論理的な整合性をどうつけるのかは実は難しい問題である（広田 2006b: 90; 南出 2020: 57–8）。教育社会学者の広田照幸はこれらのジレンマに対応するためには、まずは当事者の「生きられた世界」に入り込み、「そこで生じている事態の構造的必然性と事件的偶発性を理解し、そのうえで何ができて何ができないのか、あるいは何をすべきで何をすべきでないのかといった慎重な線引きがなされるべき」と指摘している（広田 2006b: 91）。

また、より根源的には、「普遍な望ましさはあるのか」という問いもある。社会学者の三井さよは、ある人の生活がどうなれば望ましいのか、そのために何が必要なのかは、いかに高度な専門的知識を持つ医師や弁護士でも完全に判断できない。本人であっても、ほかの生活のありかたを知らなかったり、人生を二度生きてどちらがよいのかを選ぶことはできないため、実は判断できるわけでもないと指摘する。「生活の質」のあり方は多様で誰かが特権的に定義できるものではない（三井 2018: 5）。そのため、ある人の「生活の質」を高めるために何をしなくてはならないかという問いは「本当にそれでいいのか」という問いを常に伴うものであったほうが、複雑さを複雑さのままに問うことができ、間違った答えに安住することを避けられると指摘している（三井 2018: 197）。

以上の点から、本書は「子どものため」という理念や言説を規範概念（「子どものため」にどうするべきか、という視点）ではなく記述概念（人びとは何を「子どものため」と考えているのか、という視点）として捉え、子どものリアリティとポリティクスを観察するための対象のひとつとしてとらえる。これを観察対象とするのは、何が「子どものため」の制度・実践・家族規範・子ども観 etc. なのかをめぐって、さまざまなアクターが当事者である子どもも巻き込みながら議論しており、さまざまな力が作用するポリティクスを観察するのに適していると考えるからだ。

本書では、離婚、第三者が関わる生殖技術、児童養護施設、児童虐待の事例について、当該分野での「子どものため」の理念や言説と、子どもにアプローチした調査から得られた知見を突き合わせて検証していく。

4. 本書の構成

本書では、子どもを社会学的に論じる際に理論的資源となる論考、子どものリアリティに迫る論考を集めた。子どものリアリティを明らかにしようとする研究が少ないのは、子どもを対象に調査を行なうアクセスの難しさが最も大きな要因だと考えられる。未成年、特に低年齢児へのインタビューは、本人の言語能力の問題や保護者の同意をとる必要があるなどハードルが高い。また、当事者へのインタビュー調査では語ることのできる当事者が中心になってしまうという偏りもある。そのため、胎児、乳幼児、重い障害がある子どもなどは扱えない。インタビューについては、高校生以上の語りか成人後の（事例によっては「元当事者」の）回顧的な語りが中心となってしまうという限界がある。しかし、たとえ当事者のうち限られた対象だったとしても、ある社会問題が当事者以外の人びとによって主に語られてきたような場合には、当事者が語る（そして、それを聴く）意義はまだ残っていると指摘されている（貴戸 2018: 100）。

子どもへのアクセスにともなう限界を補完するため、本書の論考ではアプローチの方法も工夫し、子どもが成長した後の回顧的なインタビュー調査に加えて、子どもに対する参与観察、子どもの投書や子どもが語る映像も分析対象とした。投書や映像は編集の手が入っていることから、インタビュー調査や参与観察と比較すると一次資料としての度合いは低くなる。しかし、一方で百年以上のタイムスパンの分析が可能になったり、映像が撮られた文脈も分析に含めたりすることができるなど、研究上の戦略的な意義も有している。

第1章（元森絵里子）では、「大人／子ども」というカテゴリーの「子ども」や「子どものため」を社会学的に論じる際に陥りやすい隘路とそれを乗り越える方法について論じている。子どもを論じる際には「子ども」とは何かという考察と社会的条件の考察をともに行なうことが不可欠であること、ケアの対象としての子どもがどのような規範、言説、制度、技術や多様なステークホルダーの実践の連関のなかで立ち現れているか、複数の連関のなかにどのような葛藤があるのかを問うことが必要であることを説明し、そのための理論と方法について論じている。

第2章（野田潤）では、離婚に関する読売新聞の身の上相談欄への投書の分析から、現代の子どもポジションの葛藤の深さを描き出している。この悩み相談コラムにおける離婚言説の戦前から現代に至る通時的分析によって、離婚をめぐる子どもの悩みは時代・文脈により回答者によって受容／否定され、言説空間のなかで離婚の当事者化と非当事者化が同時になされていることを論じている。特に一九八〇年代以降は、父母の不仲についての悩みは回答者に受容されるものの、父母の離婚となると「親の問題であなたには関係ない」と非当事者化される傾向が強くなっていることを論じている。

第3章（日比野由利）では、第三者が関わる生殖技術で生まれた子どものインタビュー映像などを素材に考察を行っている。第三者が関わる生殖技術においては、利用したい親とすでに生まれている子どもとの間には願望やニーズのズレがあるが、その妥協点として「出自を知る権利を認めて行なう」という言説が流通していること、また、テリングをめぐる言説や利用した親が子どもにドナーや代理母についての思いを語らせる映像の分析を通じて、子どもの語りには非対称性やバイアスなど何重ものポリティクスが作用していることを論じている。

第4章（三品拓人）では、児童養護施設で暮らす子どもへの参与観察から、子どもの日常生活、特に施設内での仲間と学校での友人との関係について調査し、児童養護施設において、子どもが学校での友人関係を構築する意欲や機会が制限されてしまう構造を考察している。児童養護施設については、社会的養護の改革の流れのなかで施設か家庭（里親）かという二分法に議論が回収される傾向があるが、その二分法からはみえてこない子どものリアリティを論じている。

第5章（根岸弓）では、元被虐待児へのインタビューから、被虐待児の準主体化の経験や「子どものため」の支援の経験を明らかにしている。元被虐待児は児童相談所とのかかわりのなかで、処遇や将来について意見を聞かれるが、常に意見を表明したいとは限らないこと、信頼できる大人に決定を一任したいと考えることもあること、処遇は子どもが決定するのではなく、児童相談所が決定する（＝子どもの自己決定にはしない）が、処遇の結果は結局、その後の人生において元被虐待児自身が負うことになることなどを論じている。

終章（野辺陽子）では、第2～第5章の知見を受けて、それらを序章・1章の議論と交錯させ、論点を再整理している。子どもにおける親の個人化の経験と自身の準個人化の経験、「子どものため」

の制度・支援・価値観などの経験から、多様な親子関係・ケアについて新たな論点を提示している。

注

（1）子どもに自己決定させない理由として、子どもにかかる過度のプレッシャーが挙げられている。例えば、子どもが離婚後の親権者を決めると、一方の親を選んだことで他方の親に対して罪悪感を抱き、自分の意見をいうことができなくなるため、大人が決定することが子どもの自由な発言を保障すると説明されている（二宮 2018: 16）

（2）第三者の関わる生殖技術について考える会ホームページ（daisansha.exblog.jp）（2022/3/5 アクセス）参照。なおこのホームページは、現在、更新されていない。

（3）このような状況を、「『子ども中心主義』の第二ステージ」「新たな『子ども中心主義』」（広井 2019: 307）、「新しい子ども中心主義」（野辺・片岡 2021: 24）、「新たな子ども中心主義」（元森 2021: 31）と指摘する議論もある。

（4）当事者参画のひとつの形態であるファミリー・グループ・カンファレンスには子どもの参加も多くなっているが、海外の先行研究ではこれに対する懸念も指摘されている。例えば、虐待を行った大人と同席する可能性、家族の口論を目撃する可能性、大人主導の会議となる可能性などである。とはいえ、子どもがファミリー・グループ・カンファレンスに参加できることは子どもの満足度につながるとされる（栄留 2015: 118-9）。

（5）個人化と新自由主義の関係については、仁平典宏（2015）が整理している。

（6）教育社会学者の広田照幸は、一九六〇年代前半頃までの日本においては、家族の結びつきが十分でなく、教育する家族になり切れない農村や都市下層の親には「もっと子供に関心を持て」と、「教育する家族」であることを持て余している都市の新中間層の親には「子供の教育に過剰になるな」と分化してメッセージを送ることが可能だったと指摘する（広田 1999: 146-71）。

（7）ギデンズの論じる「純粋な関係性」には、複数の意味が含まれている。例えば、①コンフルエント・ラブ、②関係性の質の重視、③選択性の高まり、④平等な関係などである（Giddens 1991=2005, 1992=1995）。

（8）親子関係も「純粋な関係」化するというギデンズの主張に対しては、家族が不安定化したら子どものケア機能が十分に果たされない、自立前の子どもにとって親との関係が終わることは辛い、親子関係は「純粋な関係性」の純粋性を必然的に減じざるを得ないという批判がある（Allan, Hawker & Crow 2001: 828; Jamieson 1999: 488）。

（9）志田（2021）はナンシー・フレイザーの議論を用いて「承認」を議論しており、「承認」は心理的なアイデンティティの問題ではなく、社会的地位の問題であると定義している（志田 2021: 36）。

（10）上野（2021）は「当事者・になる」にはカテゴリー＝集合的アイデンティティへの同一化＝主体化が必須であると指摘する（上野 2021: 229）。本書で取り上げる子どもの場合は、子ども自身が文脈によって、親に対する「子ども」に同一化したり、大人に対する「子ども」に同一化したり、「○○の子ども（例えば、養子縁組した子ども）」に同一化したりすることがある。

（11）例えば、野辺（2020a）では、メディアが好む養子縁組当事者の語りとして、〈成長のストーリー〉〈愛情のストーリー〉〈感謝のストーリー〉を導出している（野辺 2020a: 56–7）。

（12）さらに、貴戸（2018）は、「当事者が言うのだから間違いない」と異論を差し挟みがたい専門家とは別種の権威として当事者を特権化し、当事者の語りを「最後の切り札」的に提示することがあること（貴戸 2018: 115; 好井 2010: 177）、このような当事者の特権化や固定化は、運動の現場では応急処置的に必要されるものであるが、それは「当事者の語り」を手段として用いようとする態度と隣り合わせであることを指摘している（貴戸 2018: 115）。

文献

Allan Graham, Hawker Sheila & Crow Graham, 2001, "Family Diversity and Change in Britain and Western Europe," *Journal of Family Issues*, 22(7): 819–37.

Beck, Ulrich & Beck-Gernsheim, Elisabeth, 2002, *Individualization: Institutionalized Individualism and its Social and Political Consequences*, SAGE.（中村好孝ほか訳　2022『個人化の社会学』ミネルヴァ書房）

ベック・ウルリッヒ　2011「個人化する日本社会のゆくえ――コメントに対するコメント」ウルリッヒ・ベック・鈴木宗徳・伊藤美登里編『リスク化する日本社会――ウルリッヒ・ベックとの対話』岩波書店、245–74

Cheal, David, 2008, *Families in Today's World: A Comparative Approach,* Routledge.

栄留里美　2015　『社会的養護児童のアドボカシー――意見表明権の保障を目指して』明石書店

Gerson, Kathleen, 2000, "Foreword," David H. Demo, Katherine R. Allen & Mark A. Fine eds., *Handbook of Family Diversity,* Oxford University Press: xi-xiii.

Giddens, Anthony, 1991, *Modernity and Self-Identity: Self and Society in the Late Modern Age,* Polity Prss.（秋吉美都・安藤太郎・筒井淳也訳　2005　『モダニティと自己アイデンティティ――後期近代における自己と社会』ハーベスト社）

―――　1992, *The Transformation of Intimacy: Sexuality, Love and Eroticism in Modern Societies,* Polity Press.（松尾精文・松川昭子訳　1995　『親密性の変容――近代社会におけるセクシュアリティ、愛情、エロティシズム』而立書房）

橋本真琴　2002　「価値剥奪装置としての差別――『婚外子差別』を手がかりにして」『ソシオロゴス』26: 121-40

林浩康　2008　『子ども虐待時代の新たな家族支援――ファミリーグループ・カンファレンスの可能性』明石書店

非配偶者間人工授精で生まれた人の自助グループ・長沖暁子編　2014　『ＡＩＤで生まれるということ――精子提供で生まれた子どもたちの声』萬書房

広井多鶴子　2019　「教育と家族論の現在――核家族・近代家族・家族の個人化をめぐって」『教育学研究』86(2): 300-9

広田照幸　1999　『日本人のしつけは衰退したか――「教育する家族」のゆくえ』講談社現代新書

―――　2002　「家族のゆくえを問う」広田照幸編『〈理想の家族〉はどこにあるのか？』教育開発研究所、249-61

―――　2006a　「第１部 家族の変動 解説」広田照幸編『リーディングス 日本の教育と社会 3 子育て・しつけ』日本図書センター、21-5

―――　2006b　「第２部 子育てエージェント 解説」広田照幸編『リーディングス 日本の教育と社会 3 子育て・しつけ』日本図書センター、87-91

伊藤嘉余子　2010　「児童養護施設入所児童が語る施設生活――インタビュー調査からの分析」『社会福祉学』50(4):

82-95

Jamieson, Lynn, 1999, "Intimacy Transformed? A Critical Look at the 'Pure Relationship'," *Sociology*, 33: 477-94

梶井祥子　2013　「家族の『多様化』と規範意識の変容」『札幌大谷大学社会学部論集』1: 261-89

片岡佳美　2010　「合意制家族と子どもの権利――フィンランドのエンパワーメント政策が示唆する論点」『同志社社会学研究』14: 47-53

――　2016　「民主的家族の追求と『われわれの家族』の安定――フィンランドの国際養子縁組の養親の事例から考える」『社会文化論集』12: 1-13

貴戸理恵　2018　『「コミュ障」の社会学』青土社

松木洋人　2003　「家族規範概念をめぐって」『年報社会学論集』16: 138-49

南出和余　2020　「グローバル時代における『異文化の子ども』研究――バングラデッシュの教育熱のグローカル性」元森絵里子・南出和余・高橋靖幸編『子どもへの視角――新しい子ども社会研究』新曜社、53-66

御園生直美　2007　「里親養育における家族関係の形成――社会的養護と家庭環境」『家庭教育研究所紀要』29: 84-93

三井さよ　2018　『はじめてのケア論』有斐閣

元森絵里子　2021　「家族の多様化と子どもという主題――子どもの社会学的考察をいかに組み込むか」『家族社会学研究』33(1): 28-40

仁平典宏　2015　「日本型市民社会と社会保障システムのセカンドモダニティ――二つの個人化と複数性の条件」鈴木宗徳編『個人化するリスクと社会――ベック理論と現代日本』勁草書房、256-95

二宮周平　2018　『18歳から考える家族と法』法律文化社

野辺陽子　2016　「〈ハイブリッド〉性からみる『ハイブリッドな親子』のゆくえ――融合・反転・競合」野辺陽子・松木洋人・日比野由利・和泉広恵・土屋敦『〈ハイブリッドな親子〉の社会学――血縁・家族へのこだわりを解きほぐす』青弓社、174-98

――　2018　『養子縁組の社会学――〈日本人〉にとって〈血縁〉とはなにか』新曜社

――　2020a　「特別養子縁組から見えてきた『多様な親子』と支援の課題」『福祉社会学研究』17: 51-66

―――― 2020b 「子どもの声を聴いて考えたこと」『養子縁組と里親の研究――新しい家族』63: 1
―――― 2021 「親密圏――親密圏からの子どもの退出とケアの保障を考える」落合恵美子編『どうする日本の家族政策』ミネルヴァ書房、86-100
野辺陽子・片岡佳美 2021 「〈家族の多様化〉と〈子どもの福祉〉は両立するか――特集への招待」『家族社会学研究』33(1): 21-27
野田潤 2008 「『子どものため』という語りから見た家族の個人化の検討――離婚相談の分析を通じて（1914～2007）」『家族社会学研究』20(2): 48-59
野々山久也 1996 「家族新時代への胎動――家族社会学のパラダイム転換にむけて」野々山久也他編『いま家族に何が起こっているのか――家族社会学のパラダイム転換をめぐって』ミネルヴァ書房、285-305
野沢慎司・菊地真理 2014 「若年成人継子が語る継親子関係の多様性――ステップファミリーにおける継親の役割と継子の適応」『明治学院大学社会学部付属研究所研究所年報』44: 69-87
落合恵美子 [1994] 2019 『21世紀家族へ――家族の戦後体制の見かた・超えかた（第四版）』有斐閣
Oswell, David, 2013, *The Agency of Children: From Family to Global Human Rights*, Cambridge University Press.
才村眞理編 2008 『生殖補助医療で生まれた子どもの出自を知る権利』福村出版
三部倫子 2014 『カムアウトする親子――同性愛と家族の社会学』御茶の水書房
志田未来 2021 『社会の周縁を生きる子どもたち――家族規範が生み出す生きづらさに関する研究』明石書店
鈴木宗徳 2015 「ベック理論とゼロ世代の社会変動」鈴木宗徳編『個人化するリスクと社会――ベック理論と現代社会』勁草書房、1-24
田中理絵 2009 『家族崩壊と子どものスティグマ［新装版］――家族崩壊後の子どもの社会化研究』九州大学出版会
内田龍史 2011 「児童養護施設生活者／経験者の当事者活動への期待と現実」西田芳正編『児童養護施設と社会的排除――家族依存社会の臨界』解放出版社、178-96
上野千鶴子 2021 「当事者の社会学へ向けて」樫田美雄・小川伸彦編『〈当事者宣言〉の社会学――言葉とカテゴリー』東信堂、227-61

山田昌弘　2004　「家族の個人化」『社会学評論』54(4): 341-54
吉田恒雄　2020　「わが国における子どもの権利と権利擁護をめぐって――立法等による対応の推移について」『世界の児童と母性〔特集〕子どもの権利とアドボカシー』88: 2-6
好井裕明　2010　「差別問題研究における2つの当事者性」宮内洋・好井裕明編『〈当事者〉をめぐる社会学――調査での出会いを通して』北大路書房、163-81

第1章　「子どものため」の社会学的記述に向けて
――「子どもの視点」や「脆弱さ」をどう組み込むか

元森絵里子

1．はじめに

個性や多様性が称揚される時代となっている。多様なルーツや特性を認め合い、差別や格差をなくしていくことと、多様な生き方を選択できるようにすることが、目指されるべき価値となっている。「家族の戦後体制」（落合 2019）や「大衆教育社会」（苅谷 1995）と表象されたように、戦後日本は、極めて画一的なライフコースを是としてきた社会といえる。戦前期都市新中間層由来の、比較的長期の就学を経て就労・結婚し、性別役割分業に基づく家族を形成するというライフコースのあり方が、戦後の経済成長と福祉国家体制によって、大衆規模で自明視される社会が実現した。もちろん、家族と学校に囲い込まれた「子ども」から、就労し家族形成をする「大人」へというライフコースが、二十世紀後半に実態としても理想としても広まったのは、日本に限ったことではないだろう。ただ、「一億総中流」がまことしやかに語られるほど階層差が見えづらくなり、「単一民族神話」(小熊 1995)と呼ばれるほど民族的多様性が忘却された戦後日本社会では、このようなライフコース像は、とりわけ強固に規範として定着した。

イエスタ・エスピン＝アンデルセンが、日本の福祉国家は極めて家族依存度の高い「家族主義的福祉レジーム」であったと指摘しているが(Esping-Andersen 1999＝2000)、産業・家族・福祉に関わる政策動向がこれを支えていた。本田由紀は、五十五年体制期の日本において、直接的な公的社会保障が弱くとも、企業が家族を支え、家族(母の教育熱と父の収入)が子どもの教育を支えて次世代の労働力を送り出す形で、生産(就労)と再生産(子育て)が循環する体制ができていたことを指摘し、「戦後日本型循環モデル」と命名している(本田 2014: 67)。

ただし、このような画一的なライフコースイメージは、二十世紀最後の四半世紀以降、さまざまに問い直されている。一九八〇年代以降は、家族規範や学校教育制度が批判的にまなざされ、家族の多様化が肯定的に捉えられたり、子ども尊重のゆとりある学校教育が対案として提示されたりした。家族や教育に関わる社会学もこの流れに掉さし、しばしば「近代的」と批判的に名指した既存の家族や学校のあり方を、いかに乗り越えるか模索した。

ところが、二十一世紀最初の四半世紀に入ると、晩婚化・未婚化が進み、雇用が不安定化するなかで、「戦後日本型循環モデル」が破綻する。とはいえ完全に解体されたわけではなく、学歴取得に励み、家族形成を志すライフコースイメージは今も健在ではある。むしろ努力しないと手に入らないものとして（「就活」「婚活」「妊活」！）、理想視が強まっている面もある。そのなかで、それを批判し乗り越えようとするタイプの議論も相変わらず色あせていない。だが同時に、必ずしも望ましくない「多様性」、すなわち、貧困や差別の問題が改めて注目されてもいる。とりわけ、子ども時代の不遇が生涯の不遇、さらには次世代の不遇につながるという、「再生産」の構図が強調されるようになり、その結果として、一時期批判的に乗り越えが目指されたような、家族と学校で保護され教育される子ども時代をいかに保障するかが、学術的にも実践的にも問われるようになっている。

このように、現時点で、価値観の変化と経済状況の変化のなかで、多様性称揚と社会的排除への警戒心に引き裂かれながら、家族・学校と子ども期をめぐる問い直しと立て直しが交錯している。

そして、そこにおいて、「子ども」という主題は難しい位置にある。家族の多様化を語る場合、問題化されるのは大人の選択の多様性となりがちで、子どもは等閑視されることも少なくない。逆に近代家族や近代学校教育制度の批判においては、子どもに対する家族（父母）や学校（教師）の態度が抑圧的であることの反省は重要な論点であり、しばしば対案として「子どものため」や「子どもの声を聞く」ことが提案される。従来の保護 protection や供与 provision に加え、参加 participation などの能動的権利の保障することを掲げた国連子どもの権利条約（一九八九年制定、日本は一九九四年に批准）に象徴される、子ども観の更新のムードがこれを後押ししている。しかし、生存保障や教育保障に注目が集まる昨今では、むしろ家族と学校に囲い込まれ保護され教育される子ども時代が、守るべき価値として（再）強調されてもいる。ただここでも、従来型の保護・供与が改めて主張されるにとどまらず、子どもの「声」や「ウェルビーイング」などの新たな子ども観が強調されている。

つまり、子どもの等閑視と、子どもの保護・教育の乗り越えの機運と、子どもの保護・教育の再確認の機運とが、併存・錯綜しているのが現状といえる。そしてそこでは、子どもを大人に準ずる能動的な権利主体と見るのか、従来通りの保護と教育の客体と見るのかという論点をめぐる、単なる二項対立にとどまらない再編成が行なわれている。

子どもを等閑視したり、大人が一方的に保護と教育を押し付けたりすることを批判するのは容易に見えるが、対案としての「子どものため」や「子どもの権利」「声」「ウェルビーイング」などの諸価値もまた自明ではない。具体的にどのような状態を是とするのか、それを誰が決めるのか、その決定に子ども自身は加わることができるのか、それは本当に「子どものため」か、といった難題を明に暗にはらみながら、議論と政策が展開されている。

翻って、日本の社会学において、このような「子ども」と「子どものため」をめぐる理念と現実の記述や分析、さらにはその際の理論的視角の検討は、どこまで行われてきただろうか。家族、学校、地域、福祉などの分野で子どもに言及する研究は少なくないが、「子ども」とは何か、「子どものため」とは何かに関する社会学的考察は多くない。

筆者に課せられたのは、家族研究にこれらの視角を開くための基盤として、既存の日本の子ども研究を整理し、欧州子ども社会学（sociology of childhood）の知見を紹介することである。本章ではまず、昨今の家族に関する社会学が子どもをどう視野に入れてきたか（第1節）、そこで何が手つかずになっているかを整理した後（第2節）、教育学・教育社会学領域を中心に展開された一九八〇年前後からの学際的子ども研究の機運、そこからの研究関心の転換の流れをそれらの陥穽とともに概観し、社会学的課題を考える（第3節）。そして、欧州子ども社会学の知見を借りつつ（第4節）、複雑化する現代の子どもの社会学的記述の視角について述べる（第5節）。

なお、本章では、法的・社会的にケアが必要とされる年少者としての「子ども」を主として扱う。「子ども」とはそもそも曖昧な日常概念であり、「大人」と対で使われることもあれば、さらに細分化して乳幼児期、少年期、思春期、青年期などのうちの一部だけを意味したりもする。「親」に対する「子ども」は成人後も続く。ただ、本稿が論じる家族のケアや学校教育、子どもの意見といった問題が生ずるのは、生物学的にケアが不可欠な年齢から、制度的に行為に制限がかかる年齢までである。法や制度によってその年齢は異なり、家族領域では「親」に対する「子ども」と「大人」に対する「子ども」は分離しきれないため、ゆるやかに範囲設定しておく。なお、社会的なカテゴリーや概念であることを強調するときのみ「　」を付して記す。

2．家族社会学と子どもという主題の現在

（1）家族の多様化論における子どもの等閑視

戦後から一九七〇年代前半にかけて、性別役割分業に基づく夫婦と少ない子どもによる核家族世帯が大衆化し、「家族の戦後体制」（落合 2019）が確立した。しかしその後、未婚化、晩婚化、少子化

などの傾向とともに世帯パターンが多様化し始める。二〇一〇年頃からは、同性婚、生殖補助医療による出産、養子・里親、ステップファミリーといった、より多様な家族が注目を集めている。

このような「家族の多様化」は、実態と意識の変化が絡み合う主題であり、問題・病理とみなされる面と、希望的に語られる面とを併せ持ちながら議論されてきた。家族社会学においても、その重要な潮流として、実態としての家族の多様化を肯定的に捉え、多様化前の世帯を近代家族として歴史化・相対化しようとする研究が積み重ねられてきた（池岡 2010）。そこには、「家族の変容を消極的・病理的に捉えることに抵抗し、個人の選択・ニーズと結びつけて肯定的・積極的にとらえ返すという認識論的な政治性」（久保田 2009: 79）があったといえよう。ところが、二〇一〇年頃から、「多様化」という視角の再検討が始まっている。その際の重要なポイントとなっているのが、子どもである。

第一に、子どもの選好・意見が等閑視されてきたことが指摘されている。家族の多様化は、個人にとっての選択可能性の増大という意味で、「個人化」として分析される傾向があった。しかし、「そもそも家族において誰のどのような選択可能性がどの程度増大したのか」（久保田 2009: 79）が曖昧なまま議論されてきた。「子どものため」に離婚すべきか否かという相談記事と回答の歴史的変遷を追った野田潤（2008）は、家族の個人化とみなされてきた事象は、夫・妻・子のうちの妻の選択性の増大だったのではないかと指摘している。そこでは、「子どものために妻は離婚すべきではない」から「子どものためにも妻は離婚すべき」「子どものためと妻のためは切り離すべき」への転換は見られても、妻の選択性が増大したすぎず、どうすることが「子どものため」かという表面上の問いかけにもかかわらず、子どもの選択性は事実上等閑視されている。

もちろん、「子どものため」という呼びかけがどこまで「子どものため」だったのか、子どもたち自身の視点を視野に入れていたかという問題は、近代家族論、とりわけその教育主義（「教育家族」）を論ずる研究などで主題化されてきた。一見すると子どもを尊重し、子どものためを思っているかのような「子ども中心主義」の子育ても、大人・社会の理想（「童心」）や思想（優生学など）の投影にすぎないのではないかと、繰り返し問題化されてきた。

ただ、「子どものため」を掲げたはずの主張の抑圧性・権力性を指摘した先はどうだろうか。大人と子どもが非対称である以上、仮に真の子ども中心主義なり、より子どものためを考えた関係性なりを主張してしまったら、それも結局大人の思う「子どものため」の押しつけになってしまう。ならば「子どもの視点」を取り入れようという主張も繰り返されるが、今度は、「子どもの視点」はどうやって把握し、どうやって取り入れるのかという問題が生ずる。「親」「大人」の側の反省を促す指摘を超えて、「子どものため」や「子どもの視点」「意見」「声」「選択性」などをどう見るかという論点は、いまだ正面から取り組まれてはいないように思われる。[1]

(2) 生存・福祉領域での子どものケアの主題化

家族社会学における子どもの主題化の第二の論点は、子どもの生物学的脆弱さ（vulnerability）に伴うケアの必要性を議論に組み込めていないという指摘である。山田昌弘（2004）による、「家族の枠内での個人化」ではない、家族の「本質的個人化」（＝家族自体の選択／解消や主観的な家族範囲の設定を可能にすること）が可能かという問いかけに対して、久保田裕之は、親子関係を含むケア関係を視野に入れたときに「本質的個人化」は難しくなると応答している（久保田 2009: 80）。また、和泉広恵（2000）は、子どもの能動的権利概念の難しさを、言語獲得以前の乳幼児の「要求」（意見・声）を本気で汲みとって尊重しようとしたら、育児担当者は疲弊し、虐待してしまう可能性すらあると思考実験している。これらの指摘は、生物学的・法的な脆弱さを視野に入れた場合、子どもの視点を取り入れよう、ないし、子どもの選択性も増大させればいい（子どもの個人化）という主張が行き詰まることを示している。さらに、久保田は、公的な生存・生活保障が薄く家族依存度の高い日本社会において、「多様」な家族には、子どものケアをめぐって、社会的・経済的な不安定さ、すなわち差別や貧困がつきまとうことを指摘している（久保田 2009: 86）。

二〇一〇年代に入って、このような指摘に呼応するかのように、子どもにまつわる、従来「家族問題」と呼ばれたようなテーマ領域から、現実に進行する多様化といまだ根強い家族規範や理想の家族像の関係の錯綜を描き出す研究が相次いでいる（牟田編 2009; 野辺ほか 2016; 藤間 2017; 安藤 2017; 野辺 2018など）。養子縁組、ステップファミリー、児童養護施設、児童自立支援施設、LGBT家族、生殖医療、国際結婚等の多くの分野で、多様化する家族や支援現場のなかに、〈標準的〉家族を理想視しそれを模倣しようとする意識や法制度上の制約が入り込み、問題を複雑化していく様子が描かれている。インタビューやエスノグラフィーに基づいた探索的な研究によって描き出されているのは、既存の規範化した家族像の構成要素のすべてが消失したわけでもすべてが残っているわけでもなく、構成要素間の新しい結びつきも生じているような、「ハイブリッド」（野辺ほか 2016: 177）である。

ただ、子どもの脆弱さ・ケアの問題に依拠した議論は、一歩間違えると古色蒼然とした「伝統的家族の復権」の主張に流用されうる。そうならないためには、これらの議論の先に、子どもをケアが必要な脆弱で依存的・受動的な存在であることをどう見るかの議論が必要だろう。ヒトが他者のケアなしでは生存できない状態で生まれてくることが事実だとして、生物学的に生きられないことと、社会経済的に生きられないことの間に乖離があるように、社会状況や制度条件がその「脆弱さ」をつくり出している面もある。家族社会学が家族規範や家族意識を論じる傾向が強く、生存や生活保障に直結する法・制度論を論じてこなかったという久保田の批判（久保田 2009: 81）は、この観点から読み直される必要がある。その主張は、決して「子どものため」にもケアの問題を無視できないという話ではなく、ケア関係を特権的に家族が担うという前提自体が、子どもの脆弱さと親の選択性・多様性を両立できないもののように見せていることを視野に入れる必要性を示唆している。[2]

以上のように、子ども（親子関係・ケア関係）を視野に入れたときに、「家族の多様化」や「親密性の変容」（ギデンズ）をどう解釈するかが再検討されている。[3] しかし、それらにおいても、子どもを独立した選好と意見を持つアクターとみなすことができるのか、子どもをケアが必要な脆弱で依存的・受動的な存在と前提していいのかといった論点、さらにはそのような論点自体をどう社会学的に見ることができるのかは、未だ議論のなかで明確に取り組まれてはいないのではないだろうか。

3. 社会学的子ども研究の展開とその陥穽

(1) 学際的子ども研究の機運と教育批判の陥穽

日本で子どもに関する社会学を含む議論が最も盛り上がったのは、おそらく一九八〇年代である。諸分野で、既存の子ども観の問い直しの機運が生じ、小児科学、心理学、歴史学、思想史、文化人類学、社会学、建築学などを横断する学際的子ども研究が呼びかけられた。多分野の研究者を集めたアンソロジーの出版や、後の学際学会や「子ども学部」の設立につながっていった。

この動向を駆動した一つは、広い意味での教育学における、教育批判、学校化社会批判のムードだろう。一九七四年に日本の高校進学率が九十パーセントを超える。高等教育進学率も上昇し、より広い層が学歴取得を目指す「大衆教育社会」(苅谷 1995)が訪れる。その結果、社会の変容のなかでの子どもの変化を論じる議論と、既存の教育を批判してより「子どものため」の場をつくりだそうとする議論とが世間的にも盛り上がり、探索的・実証的な研究と規範的な研究とを交錯させながら学際的な子ども研究が呼びかけられる。

山村賢明・北澤毅(1992)は、教育社会学の子ども研究が、一九七〇代半ばに、地域格差や階層格差といった問題系から、「現代社会の変容と子どもの変容」というテーマへと変化したことを指摘している。子どもを語る視点から、家庭や地域の格差（＝ある種の「多様性」）を含む経済や福祉に関わる論点が消え、学校教育とそれに囲い込まれた子ども期への批判的な言及こそが子ども論かのような構図となったことが見てとれる。

あらかじめ述べておけば、特定の家族像の浸透を前提にその多様化が期待された時期に並行して展開されたこの子ども研究の動向も、「子ども」や「子どものため」、「子どもの視点」や「脆弱さ」の問題を考えられていたわけではない。ここでは、その内容を教育学・教育社会学の議論を中心に紹介すると同時に、その陥穽を論理と時代背景から考察することで、社会学的視角のヒントを得たい(4)。

重なりつつも多岐にわたるこのときの潮流をあえて分類すれば、三つに分けられる。

第一の潮流は、既存の子ども研究の視角を「教育的」で「大人中心主義的」だとし、子どもの視点に立ったり、子ども集団や子どもの世界を見つめたりすることを強調する動きである。「教育社会学」ではなく「子ども社会学」、「児童文化」ではなく「子ども文化」といった、大人目線から子ども目線への視点の転換を象徴するような名称変更も主張された。教育学や教育社会学、児童文化学、社会教育学が交錯する領域で、学校外の子どもに注目してきた研究者らが、教育とは距離をとって子どもを見る視角として、「遊び」、「ファンタジー」（古田 1997）、「コスモロジー」（藤本編 1996）、「アニマシオン（生命・魂の活性化）」（増山 1994）、「社会力」（門脇 1999）といった子どもの能動性・創発性を誘発する契機や子どもの同輩集団や「地域」という空間を強調し概念化していった(5)。

第二の潮流は、「教育的」な子ども観が自明ではないことを、歴史や異文化に学ぶという動向である。歴史学では、フィリップ・アリエス『〈子供〉の誕生』（Ariès1960=1980）による、家族と学校に囲い込まれる子ども期が歴史的なものだという指摘を受け、近代的子ども観の誕生を跡付けたり、それ以前の「大人と子供の関係史」（宮澤 1998）や、子育てのあり方が探られたりした（第1巻編集委員会編 1990）。文化人類学では、原ひろ子『子どもの文化人類学』（原 1979）を嚆矢として、現代日本の孤立した子育てを逆照射する意図を伴いつつ、異文化のフィールドワークのなかで記録されていた、近代社会とは異なる子どもの育ちや養育のあり方が次々と報告されていった（岩田編 1985 など）。

第三の潮流は、統計手法の洗練を背景とした、質問紙調査などを駆使して、大人による予見を極力廃し、子どもの意識や実態を把握する試みである。教育社会学を中心に、福武書店（現ベネッセコーポレーション）の実態調査シリーズ『モノグラフ』（1978～2004）や、東京都子ども基本調査（1977～1998）など、仮説検証型ではない探索型の統計調査が繰り返された。

これらの諸潮流は、冷静に考えれば、子どもに関する本質論と構築論、実証志向と規範志向など、容易には接続できないような学問的視角の差異を含んでいる。とりわけ看過しがたい矛盾に見えるのが、第二、第三の潮流は、子どもや子育ての歴史や現在を把握しようとする実証主義的な探求を旨とするにもかかわらず、第一の潮流の、子ども処遇の新たな理想を語る規範的（教育学的）な議論と接続できてしまう点である。現在の目から見ると不思議なほど、「教育」「大人中心」の子ども観を批判し、そうでない（と見える）子ども観を賞賛するという構図が、この時代の議論の基調となっている。精緻な非近代世界の記述も、現代の子どもたちの実態把握も、「規律権力」（フーコー）や「学校化社会」（イリッチ）への対抗性の証左として位置づけられ、近代（現代）／非近代＝大人中心／子ども中心＝同化志向／創発的といった二項対立的な議論へと接続してしまう傾向があった。

だが、教育的意志を廃そうとする主張が、大正時代の童心主義や児童中心主義の焼き直しでないという保証はない。少なくとも、子どもの特定の性質を自明視したり、異文化を理想化したりしながら、そこによりよい成長の契機を見る、一段ずらしの教育論だと批判することはできるだろう。子どもの生活を家族と学校が覆い、その「問題」が世論をにぎわせる時期に、学術的にも「大人中心」で「教育的」な関係性が批判され、異なる関係性が目指されたが、その「子どものため」「子どもの視点」の主張も大人によるものである以上、「大人中心」で「教育的」かもしれない。そのような隘路は自覚的に論じられてこなかった。

この後、子ども研究は既存の学問分野に再び分散していく。歴史学は時代と地域と階層で細分化された領域での子ども観の歴史の精緻な記述へと向かい、文化人類学は非近代的世界の縮小と共に子ども・子育てよりも教育過程を見る教育人類学へと向かっていった。教育学・教育社会学は、次に見るように格差の再生産や新自由主義批判や、教育工学的な実証性の精緻化へと向かい、子ども論への関心は急速に退潮した。結果として、既存の子ども観に抑圧性を発見してよりよい（かのような）子ども観を対置する構図の隘路は、突き詰めて問われることもなく、今も日常や子どもに関連する関係諸学の語りに織り込まれている。

（2）生存・教育保障への転換と福祉的子ども観の浮上

学際的子ども研究の機運が空中分解していく背景には、学際交流のハブとなっていた教育批判、近代批判という論点自体が、急速にリアリティを失っていることが関係しているだろう。

一方で、既存の子ども理解や教育的なものへの反省のムードは、その結果として（さまざまな思惑とのハイブリッドだとしても）、現実の政策に反映され公的に目指されるものとなり、対抗性を失っている。たとえば、個性重視の風潮と新学力・能力観と結びついたゆとり教育やアクティブラーニングが展開されるなど、一概に学校が抑圧的な機関とはいえなくなっている。「生きる力」や「学社連携」が強調される機運のなかで、子どもの参画や遊びの権利も政策文書に織り込まれた。と同時に、少子高齢化で、対抗性の柱だった「子ども集団」や「子ども社会」は自明でなくなっている。

他方で、格差や貧困が話題になる時代変化のなかで、「近代的」「教育的」だとその抑圧性が批判されたような保護や教育が、抑圧どころか万人に保障されていないことが自覚されるようになっている。社会経済的問題が再び注目されるようになり、家庭環境による格差の再生産を防ぐために、子ども期の生存保障と教育保障の価値が再確認されている。多様性尊重の時流も加わり、従来個別福祉の対象であったり、より端的に社会的に排除されていたりした、「多様」な子どもたちへの生存・教育保障も社会問題化しつつある。

振り返れば、一九九〇年代後半から二〇〇〇年代にかけて、教育社会学で、学際的子ども研究とは相対的に距離をとった系譜から、世間で騒がれる「教育問題」「子ども問題」に関する、アリエスやフーコーに想を得た言説研究や構築主義的研究が流行した。いじめや少年犯罪や児童虐待が、現実とは別に言説上・歴史上構築されたものだと暴いていく研究が次々と出版された（たとえば今津・樋田編 1997; 広田 2001 など）。こういった諸研究が、子どもに関わるモラルパニックの沈静化に貢献したことは間違いないが、教育批判が実態的根拠とは遊離した言説だと指摘する構築主義的研究は、子ども研究の学際的機運の前提に水をさす構図にある。

むしろ、世間の「問題」（学校・家族・子ども批判）の構築性を暴いた先に、家族や学校を重視し、子どもを保護や教育の対象と見る子ども観に立ち戻ろうとするかのような動向も見受けられる。教育（社会）学において、教育批判や近代批判の姿勢自体が、必要な保護と教育を掘り崩す危険性が明示的に指摘されてもいる。たとえば、「教育問題」が言説であることを主張していた広田照幸は、かなり早い時期から、近代を批判し乗り越えようとするムードが、子どもの変容を問題視し子どもの保護を撤廃しようとする新自由主義的なムードを利する危険性を指摘していた（広田 1998: 17）。先述の第二の潮流を担う一人だった森田伸子は、近代教育批判が、教育を停止し子どもを無防備に放り出す主張につながることを反省している（森田 2002: 109）。

こうして、「子ども問題」とともに、学際的・非教育的子ども研究への関心自体が退潮ぎみとなった。そこに、その後の一連の行政改革のなかで、社会経済的問題に改めて関心が集まる。こうして、新自由主義批判や格差に抗して、いかに生存保障・教育保障を行っていくかへと、政策・実践・研究のモードが一定程度切り替わった感がある。

この新モードに、「子ども」とは何か、何が「子どものため」かをめぐって入り込んできたのが、福祉領域の視角である。昨今、「教育と福祉のクロスオーバー」（広井 2018: 103）が関心を集め、政策にも反映されている。学校というすべての子どもが通うことになっている場をスクリーニング機関としつつ、ソーシャルワーク的な個別モニタリングと支援のノウハウを子ども全体に網掛けする趨勢が進行している。社会変動のなかで、家族・学校・福祉の役割分担とそれを支える理念の編成が進んでいるといえる。

拠りどころとなるのは、「子どもの権利」という多義的な概念であり、それと共に社会福祉分野が整備してきた、「ウェルビーイング」「ニーズ」などの諸概念である。恵まれない層への福祉（ウェルフェア）ではなく、すべての子ども一人ひとりの幸福を目標に、「子ども主体」（網野 2002）で、その育ちを見守り必要に応じて介入する体制が模索されている。戦後日本において、多数派が家庭と学校に囲い込まれる横で、わずかに零れ落ちた層を福祉が担うという分業体制が成立しており（荒見 2020: 187）、一九八〇年代の子ども論は多数派の子ども期のあり方の画一性や抑圧性を問い直す構図になっていた。昨今はむしろ、少数派対応から立ち上がった新たな包括的概念が、基本的な保護や養育から教育、能動的権利まで広くカバーしながら、多数派も含む多様な子どもの問題に、子どもの「声」にも目配りしながら対応していく際の鍵概念となっている。

この生存保障・教育保障の趨勢と福祉的な子ども観は、新たな子ども観の地平を開くのだろうか。それとも、かつて乗り越えが目指された「教育的」な学校や「標準的」な家族への回帰につながってしまうのだろうか。実践的議論とは別に（そのためにも）、これらをどう読み解くかを問うべき時期となっているのではないだろうか。

(3) 子どもの社会学的研究の陥穽の先に

家族社会学において、家族の多様化・個人化が称揚された時期を経て、生存や福祉というテーマが浮上している。それに並行するように、教育批判のムードに発する学際的子ども研究が興隆したのちに退潮し、教育学・教育社会学は、それらから距離をとって生存・教育保障へと傾斜してきている。家族領域においても、教育領域においても、福祉的な子どもへのアプローチが存在感を増している。

これらから見えてくるのは、まず、大人・親や既存の家族や教育や社会のあり方を抑圧的なものと見て、より「子どものため」「子どもの視点」の視角をそれに対置するという、二項対立的な図式の原理的な問題点である。子どもと大人・親が非対称なカテゴリーとして社会に組み込まれている以上、大人中心／子ども中心、受動／能動、教育／遊び、秩序同化／秩序創発などの二項対立的な枠組みを置き、前者から後者への移行が、既存の（近代的）子ども観から新たな（「子どものため」や「子ども視点」の）子ども観への理論的更新となるかのような語り口自体が、結局は大人の視点にすぎないという批判の余地が残る。また、極端な論理構成は、子どもの保護・教育に立ち戻るべきか、新たな子ども観に進むべきかというような、不毛な議論を招来しかねない。

「子ども」とは、子育てや教育、福祉といった規範的・実践的領域と交わるテーマのため、価値的・政治的な議論に短絡しがちである。しかし、社会学に必要なのは、何が「子どものため」か、「子ども視点」なのか「生存保障・教育保障」なのかと価値的に論じるのではなく、むしろ、そのような子ども理解の議論の隘路や不毛さの構図を整理し提示していくことではないだろうか。

この点を考えるとき、社会史以来の子ども観の歴史的相対性や構築性という論点が、学術的に突き詰めて考えられることがなかったという問題に目を向けざるを得ない。「子ども」が歴史的・社会的に構築されたものであるという主張を真剣に受け止めるならば、ケア・教育関係を含む「子ども／大人」という区分の感覚自体の構築性をどう考えるかという問題に行き当たる。あえてジェンダー論や科学論に倣えば、「子ども」の生物学的脆弱さも自明ではない。にもかかわらず、構築論の展開は近代批判や「問題」言説の批判にとどまった。現在の議論を解きほぐすためには、「子ども」とは何か、何が「子どものため」かを語る際に持ち出される「子どもの視点」「声」「意見」や「未熟さ」「脆弱さ」がどのような社会の布置のなかで構築されるのかを、描き出し分析していく作業が必要ではないだろうか。

その際、「近代」から「後期近代」へと名付けられるような、複雑化する社会変動への目配りも、(個人化=民主化のような楽観視とは別に)必要である。とりわけ、福祉的子ども観が注目されている背景には、家族・学校・福祉の役割分担の再編があり、その背後にはしばしば新自由主義と名指される行政改革や経済状況が絡んでいる。ミクロな子ども/大人関係や、親子関係の文脈にあたる事象の連関を見ていく必要があるだろう。

では、このような社会学的分析・記述は、具体的にどのようなものになるだろうか。一つの補助線として、欧州の子ども社会学の動向を紹介したい。

4．欧州子ども社会学の知見から

（1）新しい子ども社会研究とその乗り越え

英国を中心とするヨーロッパ社会学において、一九九〇年に初版が出されたアリソン・ジェームズとアラン・プラウトの編著（James & Prout eds. 2015）を一つの象徴とする、「新しい子ども社会学（New Sociology of Childhood）」という潮流が生じた。同書は、一九六〇年代以降同時多発的に生じてきた子どもの捉え方の転換の諸潮流、すなわち、解釈的社会学における社会的行為者としての子ども、構造主義における構造上の普遍的カテゴリーとしての子ども、社会史や社会構築主義における歴史的・社会的構築物としての子ども、若者研究やフェミニズムを援用したマイノリティとしての子どもなどの主張を、「子ども研究の新しいパラダイム」と位置づけようと提案する。旧いパラダイムとされているのは、子どもを社会の外部の未熟な存在と見て、その社会化に社会の再生産の鍵を見る、構造機能主義的な枠組みである。

ただ、「新しいパラダイム」とまとめられようとしたなかには、二つの矛盾した発想が含まれている。一つは、子どもは本来（大人と同じように）社会的行為者で、子どもというカテゴリーは（大人同様に）社会構造の普遍的な構成要素であるという主張であり、もう一つは、子ども（／大人）とは文化的・社会的に構築されたものであるという主張である。普遍的で理念的・本質論的な子ども尊重の主張と、子ども観の歴史性・構築性の主張が同床異夢で混在していることになる。これは日本の一九八〇年代の学際的子ども研究の機運がはらんでいた矛盾とも共通する。

だが、むしろ重要なのはその先である。新しい子ども社会学を唱道した一人であるプラウトが、構築主義（ポスト構造主義）の立場から、その問題性を問い直していくのである。(6) プラウトはその主著(Prout 2005=2017）のなかで、「発達」や「社会化」に代表される近代的な「大人」と「子ども」の観念に付きまとう、能動性／受動性、being-becoming などの二分法の限界を指摘する。

新しい子ども社会学の一部が陥ったように、二十世紀後半の子ども理論は、子どももbeingだ、能動的だという形で、二分法の枠内で子どもにも大人同様の権利や能力を付与しようとしてしまった。しかし、同時期のフェミニズムや科学技術社会論、いわゆる現代思想は、「主体」や「社会」という強固な概念の問い直しに入り、移動性や流動性や複雑性といった概念で現代を捉えようとしている。まさにそのときに、子どもという主題に限って、極めて近代的な人間像を子どもにも与えようという段階でとどまっているというのである。「子ども社会学は、まさにモダニティで進行している変化に適合した社会理論が構成されようとしているときに、モダニティの入り口に到達したのである」(Prout 2005=2017: 99)。こうして、「子どものため」「子どもの視点」「声」「エイジェンシー」などを「新しい」かのように提示する視角の限界が示される。

プラウト自身は、その先に「子ども／大人」の区分を基礎づけている、生物／社会、自然／文化という二分法、すなわち、子どもの身体性（物質性）という問題系に理論的ポイントを見出している。

そして、生物学的脆弱さの感覚を構築する物質／言説、構造／エイジェンシー、個人／社会といった社会理論の道具立てを、アクターネットワーク理論などのニューマテリアリズム系の一元論を理論的資源としながら解体していく。繰り返すように、子どもを大人と区別され特別な配慮をせねばならない存在だとみなす前提、それを批判しつつ批判しきれない隘路の背後には、多かれ少なかれ生物学的な「未熟さ」「脆弱さ」の感覚がある。この問題に対し、その感覚すらも、技術や社会的意味づけとのハイブリッドとして構築されたものだと読みかえるのである。

その先に提案されるのは、生物－技術－社会のネットワーク、多様な要素の異種混淆的なハイブリッドとして、子ども（childhoods）が様々に構築される様子を描き出すという研究視角である。そして、現代の事例として、ICT、生殖医療、発達障害と薬物などが現出する、ハイブリッドな子ども観・子ども期を描き出していく。

(2) 子どもの系譜学的記述へ

このプラウトの議論は、子どもに関する近代諸科学が前提としてきた想定を相対化し、新たな一般社会理論を拓く、重要な論点を多く提起している。ただ、一般理論志向であるがゆえに、一方で、生物学的脆弱さの感覚が「子ども／大人」の間のケア関係や教育の重要性を喚起し、他方で、そのような関係性に抑圧性や権力性が繰り返し発見されるという、何が「子どものため」かをめぐって歴史的に繰り返された議論の布置の分析・記述そのものを主題化するものではない。

その点に踏み込める形で、子どもの主体性とエイジェンシー（行為者能力）の系譜学的記述とその理論を志しているのが、デビッド・オズウェル（Oswell 2013）であろう。オズウェルは、プラウトが参照した諸理論に加え、ミシェル・フーコーの統治性論とジョルジョ・アガンベンのインファンシー論を持ち込み、言語獲得以前の子どもの存在も含め、いかなる装置やインフラストラクチャーが、いかなる子どものエイジェンシーを可能にしていくという観点から、家族、学校、犯罪、健康・医療、遊び・消費文化、労働の政治経済、子どもの権利と政治参画というテーマごとに、近代以降の子ども史を描き直していく。

そこにおいて、抑圧から尊重、受動から能動という構図と重ね合わされがちな、近代から後期近代へという歴史図式自体が位置づけ直されていく。抑圧批判／子ども尊重の掛け声を繰り返しながら「子ども」という主体を特定の統治のなかに位置づけてきた近代が描かれ、その先の変化が、一方で子どもも含んだ個人化が進み、他方で社会経済的な分断が加速している現代社会のなかに描き直されていく。「声」や「子どもの視点」などの現代における子どものエイジェンシーも、近代的な統治の装置の延長線上で、より複雑化するモノと言説の配置のなかで実現されるものとして探究されている。

たとえば、家族の章では、〝抑圧的な近代家族から親密な民主的家族へ〟〝パターナリスティックな保護から子どもの能動的権利へ〟という図式で示されがちな家族と子どもの処遇の歴史を、別居・離婚と子どもをめぐる既存研究などを参照しながら、〝子どもの規律的主体化を内包した統治から、より複雑な能動性を組み込んだ統治へ〟の変容と読みかえていく。教育については、〝抑圧的な発達心理学を乗り越えた、子ども中心主義教育へ〟という理解を問い直している。

本稿は、プラウトやオズウェルの議論に無批判に乗るべきだと主張するものではない。しかし、欧州の論者の一部が、ニューマテリアリズムや系譜学・統治性論などの社会学一般の記述の問題に子どもという主題を明確に引き付けようとしている点は重要である。日本においても、価値的な議論に進む前に、「主体」や「社会」や「身体」の反省的検討を子どもにも適用し、子どもの「未熟さ」「脆弱さ」および「視点」「声」「意見」や「能動性」をいかに理論的に問い直しながら記述していくかがもっと検討される必要があるだろう。

5. 複雑化する家族と子どもの社会学的記述へ

結局のところ、あれかこれかの価値的な議論に踏み込む前に、社会学がなすべきは、社会科学や現代思想の潮流を貪欲に吸収しつつ、現実の多様な家族と多様な子ども観・子ども期（childhoods）を地道に記述していくことではないだろうか。「では何が子どものためかを同定すべき」「ならば子どもの意見を聞けばいい」という思考停止に基づいた実践志向は慎まねばならない。

むしろ、ケアを必要とする子どもの「脆弱さ」や、汲みとられるべき子どもの「声」や「能動性」はいかに立ち現れるのか。それらが、どのような規範、言説、制度、技術、子どもや親の身体、多様なステークホルダーの実践の連関のなかにあるか。複数の連関（childhoods）にどのような葛藤や攪乱があるか、どう調停されている／いないのか。家族変動でいえば、「個人化」や「民主的家族」と見えるのはいかにしてかを愚直に記述していくことも重要だろう。エスノグラフィーや系譜学的な知

見からの記述を重ね合わせていく必要がある。(7)

なお、ここまで見たように現時点では、家族や教育や医学・生物学に加えて、児童福祉（子ども家庭福祉）とその隣接分野の検討は欠かせないだろう。いまだ乗り越えの対象とされる規範化された家族像・子ども像からそもそも遠い層に対し、何が「子どものため」かを個別事例に即して考えてきたのが児童福祉分野である。「ウェルビーイング」などの新たな理念の時代に入っても、実践現場においては、概念上の整理を突き詰めるより先に、「子どもの福祉」「最善の利益」や、「子どもの意見」、「アドボカシー」などの感受概念を頼りに、いいかえれば、ある種の概念の曖昧さをこそ資源に、矛盾や葛藤を織り込みながら目の前のケースへの取り組みがなされており、(8)昨今その実践知が家族や教育の領域に応用されようとしている。葛藤や反省を含む実践をエスノグラフィックに記述したり、その理念が練り上げられ他領域に影響していく様を系譜学的に位置づけたりする作業が、現代の子どもと家族を解きほぐすのに不可欠のように直感する。(9)

最後に付け加えれば、こういった「記述」を強調することは、問題解決を棚上げすることを意味するわけではない。新しい子ども社会学を唱えたジェームズとプラウトは、その序章において「子ども社会学の政治と倫理」という論点に触れ、研究が実践の道行を照らす「イルミネーション」となるようにと戒めている（James & Prout eds. 2015: 25）。社会学的記述も再帰的に社会に組み込まれる以上、ある子ども観の批判が、別の子ども観の構築につながりうるという政治性や倫理の問題に無頓着ではいられない。事実の記述の試みが、実践に対する暴力ではなく、それに寄与するものとなるにはどうしたらよいかも考えていかねばなるまい。(10)

注

（1）限られた例として、小玉亮子（1996）が、世紀転換期の児童中心主義運動の「子どもから」の主張が大人のまなざしに過ぎなかったことを指摘し、子どもをサバルタンと捉えうることを示唆している。だが、「子ども」という社会的カテゴリーを、「女性」や「エスニックマイノリティ」にどこまで類比できるかは留保が必要であろう。「子ども」は、語る力を与えられないというよりも、「子どものため」の思想的系譜がロマン主義や児童中心主義に遡れるように、むしろその視点に立ちその声を聞くことが繰り返し推奨されてきた。そして、にもかかわらず／だからこそ、その試みは「大人」の思想にすぎないと批判的に発見されることを宿命づけられている。「子ども／大人」の非対称性の前提には、「女／男」などと似た面はあるがやはり別の、生物学的な未熟さ・脆弱さや法的社会的な差異の感覚がある。語れない者を代弁しようとすることへの教育学的反省とは別に、本章第3節以下で述べるように、この「子ども」というカテゴリーの置かれた「女性」や「エスニックマイノリティ」と似て非なる性質をこそ、社会学的に記述する必要があるのではないだろうか。

（2）久保田（2009）は、家族概念の分節化に、選択の自由と生活の安定のジレンマの解を探っている。その際、子どものケアについては、生物学的な母子に限らない脱血縁化されたケアに可能性が見出されている。

（3）たとえば、アンソニー・ギデンズは、家族における選択性の増大（「親密性の変容」）を、抑圧的な近代家族から親密性を重視した民主的家族へと読み解くが（Giddens 1992=1995）、子どもを組み込もうとしたとき、このような読み解きには留保が必要といえる。本書第2章も参照のこと。

（4）第3、4節は、元森（2020）および元森（2018）の一部を大幅に組み替えたものである。出典や詳細な議論は、両稿を参照されたい。

（5）より極端なものとしては、本田（1992）のように、無秩序な子どもたちの世界を、大人社会に対する「異文化」と位置づけ、子どもの視線に、大人社会の秩序を逆照射する可能性を見るものもある。

（6）受験競争やいじめなどの時事的な関心が全面に出ていた日本の子ども論に対し、欧州の新しい子ども社会学は、子どもへの視角の転換の主張を社会科学のパラダイム転換のなかに位置づけていた点で、内在的な展開へとつながりえたのではないかと筆者は見ている。

（7）日本における具体的な研究は、本書も含めてまだ限られているが、野辺ほか（2016）や元森ほか編（2020）などがこれにあたるだろう。

（8）国連子どもの権利条約の保護、供与と参画（能動的権利）との間の不整合は様々な論者によって論じられているが、ニック・リーは、同条約は、曖昧だからこそ成立し、様々な意図を曖昧に取り込めるからこそ有効性を持つ文書だと述べている（Lee 2001）。

（9）筆者自身は、家族・教育と児童福祉をめぐる、公私の再編を含む知と実践の系譜学的記述に関心を持っている。その際、ニコラス・ローズ（Rose 1989=2016）の家族の統治をめぐる議論やジャック・ドンズロ（Donzelot 1977=1991）の「保護複合体」をめぐる議論が、当面の検討と乗り越えの対象となるように思われる。両者はフーコーの統治性に関する議論を下敷きに、リベラルデモクラシー下における統治の鍵を、子どものケアを窓口にした家族とソーシャルワーク・心理専門家に見出す。この視点は重要であると同時に、現代日本から見たとき、議論の力点が家族の／を通した統治にあるため、「子ども」自体がいかなる主体＝客体として立ち上がるかという視点は弱く、また、近代的な統治・規律（家族観・子ども観）の効果を強く見積もりすぎている点に問題が残る。この点に批判的な検討を加えつつ、日本の事例と、さらにその後の現代的な変容を見ていく必要があるだろう。

（10）この点に関して、高橋靖幸（2020）が、子どもに関する既存の構築主義的研究の限界を指摘したうえで、構築論的視座の意義を論じている。また、たとえば桜井智恵子（2012）は、マーサ・ミノウと大江洋の「関係的権利論」を理論的資源とし、川西市オンブズパーソン制度の事例の可能性を記述しつつ、それに指針を示している。その理論的道具立てと記述と実践の往還は、一つの臨床社会学の試みとなっていよう。

文献

網野武博　2002『児童福祉学——「子ども主体」への学際的アプローチ』中央法規出版

安藤藍　2017『里親であることの葛藤と対処――家族的文脈と福祉的文脈の交錯』ミネルヴァ書房

荒見玲子　2020「教育と児童福祉の境界変容」大桃敏行・背戸博史編『日本型公教育の再検討――自由、保障、責任から考える』岩波書店、179-204

Ariès, Philippe, 1960, *L'enfant et la vie familiale sous L'Ancien Régime*, Plon.（杉山光信・杉山恵美子訳　1980『〈子供〉の誕生――アンシァン・レジーム期の子供と家族生活』みすず書房）

第1巻編集委員会編　1990『教育――誕生と終焉（叢書 産む・育てる・教える 匿名の教育史）』藤原書店

Donzelot, Jacque, 1977, La police des familles, Éditions de Minuit.（宇波彰訳　1991『家族に介入する社会――近代家族と国家の管理装置』新曜社）

Esping-Andersen, Gøsta, 1999, *Social Foundations of Post-industrial Economies*, Oxford University Press.（渡辺雅男・渡辺景子訳　2000『ポスト工業経済の社会的基礎――市場・福祉国家・家族の政治経済学』桜井書店）

藤本浩之輔編　1996『子どものコスモロジー――教育人類学と子ども文化』人文書院

古田足日［1982］1997『子どもと文化』久山社

Giddens, Anthony, 1992, *The Transformation of Intimacy : Sexuality, Love and Eroticism in Modern Societies*, Polity.（松尾精文・松川昭子訳　1995『親密性の変容――近代社会におけるセクシュアリティ、愛情、エロティシズム』而立書房）

原ひろ子　1979『子どもの文化人類学』晶文社

広井良典　2018「地域と福祉の連携――ポスト成長時代の社会構想とケア」『社会福祉学』58(4): 102-106

広田照幸　1998「〈子どもの現在〉をどう見るか」『教育社会学研究』63: 5-23

――――　2001『教育言説の歴史社会学』名古屋大学出版会

本田和子［1982］1992『異文化としての子ども』筑摩書房

本田由紀　2014『もじれる社会――戦後日本型循環モデルを超えて』ちくま新書

池岡義孝　2010「戦後家族社会学の展開とその現代的位相」『家族社会学研究』22(2): 141-153

今津孝次郎・樋田大二郎編　1997『教育言説をどう読むか――教育を語ることばのしくみとはたらき』新曜社

岩田慶治編　1985　『子ども文化の原像――文化人類学的視点から』日本放送出版協会
和泉広恵　2000　「能動的権利とケアされる権利――児童福祉法の改正にみる子ども観の再検討」『家族研究年報』25: 4-15
James, Alison & Prout, Alan eds., [1990] 2015, *Constructing and Reconstructing Childhood: Contemporary Issues in the Sociological Study of Childhood (Classic ed.)*, Routledge.
門脇厚司　1999　『子どもの社会力』岩波新書
小玉亮子　1996　「『子どもの視点』による社会学は可能か」井上俊他編『岩波講座現代社会学（第12巻）こどもと教育の社会学』岩波書店、191-208
久保田裕之　2009　「家族の多様化」論再考――家族概念の分節化を通じて」『家族社会学研究』21(1): 78-90
Lee, Nick, 2001, *Childhood and Society: Growing Up in an Age of Uncertainty*, Open University Press.
増山均　1994　『ゆとり・楽しみ・アニマシオン――「子どもの権利条約」をスペインで考えた』労働旬報社
宮澤康人　1998　『大人と子供の関係史序説――教育学と歴史的方法』柏書房
元森絵里子　2018　「子ども観の変容と未来――子どもの多様性の発見の時代、子ども社会学は何を問うべきか」日本教育社会学会・稲垣恭子・内田良編『教育社会学のフロンティア2――変容する社会と教育のゆくえ』岩波書店、189-208
――――　2020　「子どもをどう見るか――20世紀の視角を乗り越える」元森絵里子ほか編『子どもへの視角――新しい子ども社会研究』新曜社、1-31
元森絵里子・南出和余・高橋靖幸編　2020　『子どもへの視角――新しい子ども社会研究』新曜社
牟田和恵編　2009　『家族を超える社会学――新たな生の基盤を求めて』新曜社
野辺陽子　2018　『養子縁組の社会学――〈日本人〉にとって〈血縁〉とはなにか』新曜社
野辺陽子ほか　2016　『〈ハイブリッドな親子〉の社会学――血縁・家族へのこだわりを解きほぐす』青弓社
野田潤　2008　「『子どものため』という語りから見た家族の個人化の検討――離婚相談の分析を通じて（1914～2007）」『家族社会学研究』20(2): 48-59

落合恵美子［1994］2019『21世紀家族へ――家族の戦後体制の見かた・超えかた（第4版）』有斐閣
Oswell, David, 2013, *The Agency of Children: From Family to Global Human Rights*, Cambridge University Press.
Prout, Alan, 2005, *The Future of Childhood: Towards the Interdisciplinary Study of Children*, RoutledgeFalmer.（元森絵里子訳 2017『これからの子ども社会学――生物・技術・社会のネットワークとしての「子ども」』新曜社）
Rose, Nikolas, 1989, *Governing the Soul: The Shaping of the Private Self*, Routledge.（堀内新之助・神代健彦監訳 2016『魂を統治する――私的な自己の形成』以文社）
桜井智恵子 2012『子どもの声を社会へ――子どもオンブズの挑戦』岩波書店
高橋靖幸 2020「子ども研究における『構築』とは何か――児童虐待問題の歴史」元森絵里子ほか編『子どもへの視角――新しい子ども社会研究』新曜社，67-84
藤間公太 2017『代替養育の社会学――施設養護から〈脱家族化〉を問う』晃洋書房
山田昌弘 2004「家族の個人化」『社会学評論』54(4): 341-354

＊本章は，「家族の多様化と子どもという主題：子どもの社会学的考察をいかに組み込むか」『家族社会学研究』33(1): 28-40を，全面的に修正したものである。また，JSPS科研費（21K01913）の助成を受けている。

第2章　親の離婚と不仲をめぐる子どもの語りと「子どものため」の論理――身の上相談の分析から

野田　潤

1. 問題の所在

(1) 子どもをもつ夫婦の離婚に注目する理由

離婚とは一般的に、夫婦の双方あるいはどちらか一方が自らの決断によって家族関係を解消するものであると了解されている。ゆえに諸先進国における離婚率の上昇は、第二の近代における家族の個人化の一例として挙げられることが多かった（Beck 1986=1998; Beck&Beck-Gernsheim 2001; 山田 2004など）。こういった議論では、離婚は夫婦（特に妻）の選択性の増大を示すものとして注目されてきた（野田 2008）。

しかし離婚は夫婦の問題であると同時に、多くの場合は子どもに対しても何らかの点で影響を及ぼす出来事である。[1] 渡辺秀樹（1995）は家族の多様性について、選択肢の拡大による「選択的多様性」と、社会状況などに制約された結果としての「状況制約的多様性」とを区別する必要性を指摘したが、この区分に従えば、離婚は夫や妻から見れば選択肢の拡大かもしれないが、[2] 子どもにとっては自らの選択ではないため、状況制約的なものとして経験されやすいと言えるだろう。このため離婚をめぐっては親の選択と子どもの利益が対立しやすく、大人が「子どものため」を配慮する語りも非常にしばしば見受けられる。一方、子どもからの異議申し立ての語りもまた同様に発生しやすいはずだが、こちらは不特定多数に向けて公開されることは少なく、社会的には注目されづらい。[3]

本章では子どもを含むさまざまな立場の人々が離婚における「子どものため」をどのように語ってきたかに注目し、「子どものため」という論理の複雑性と多元性を明らかにする。その際には特に、①大人の語りと子どもの語りのズレ、②時代による解釈枠組の変化、③同時代内における矛盾した言説の併存、の三点に注目していきたい。

(2) 個人化社会における子どもの存在

U. ベックによれば、第二の近代では社会のさまざまな領域で個人化が進行し、従来の制度の拘束性が減少するとともに個人の選択可能性が増大する。それは家族についても例外ではない。しかし子どもという存在は選択する主体としての性格を持ちづらいため、個人化にとって「最後に残った、取り消すことのできない、交換不可能な第一次的関係」（Beck 1986=1998: 237）となる。ベックは子どもについて「人間が自分の手から抜け落ちていく愛の可能性に対抗して築くことのできる、孤独に対する最後の対抗物となった」（Beck 1986=1998: 238）と述べ、こうした個人化社会においては子どもを持つことや家族間で愛情を交わすことの価値が、従来よりもいっそう上昇していくと指摘する。

（3）後期近代における家族の民主化と子どもの主体性

後期近代における親密性の変容を論じたA．ギデンズによれば、前期近代における男女の親密性は、男女間の支配−権力関係と結びついた「ロマンチック・ラブ複合体」としてのものだった。しかしギデンズは、自己決定の欲求が強まった再帰的な後期近代においては、こうした抑圧的な親密性の形は終焉を迎え、対等な立場で能動的かつ偶発的に結びつきあう「コンフルエント・ラブ」としての親密性、すなわち「純粋な関係性」に変わると指摘する。そしてこの親密な関係性の変容は、「情緒的な満足感の獲得が重きをなしていく社会」の到来をもたらしうると主張する（Giddens 1992=1995: 14）。

ギデンズは「親子関係の権力は根本的に不均衡なもの」であると一方では認めつつも（Giddens 1991=2005: 110）、他方ではこうした親密性の変容を、親子を含めた家族の民主化の動きとして期待している。特にギデンズは後期近代における家父長的権力の弱体化と親子間の情緒的温もりの重視が「家父長制的権威から母性的情愛へ」の移行をもたらすと強調しており、「母性概念」が強調される後期近代では家族関係が対等になると述べている。ギデンズによれば、子どもの主体性が（相対的に）重視された民主的な親子関係も、こういった動きの中で実現されうるという。ギデンズが描き出す「純粋な関係性」は、「子どもと親のきずなが――他の家族成員と結ぶきずなと同様――今日的意味合いでの関係性へと変換していくための、下準備」（Giddens 1992=1995: 162）なのである。

しかし、ギデンズが想定するような（前期近代と比べて相対的に）対等な家族関係においても、親と子のニーズが根本的に対立する局面は当然ありうる。特に離婚ではそういった状況が多く観察されるため、本稿ではそのような状況の中で「子ども」が経験しうる葛藤について、近年ならではの特徴も汲み取った上で、ギデンズの見方を検討したい。

（4）本稿の立場

なお本稿の分析においては、親や大人の視点と子どもの視点の間に見られる矛盾やズレを見ていくが、それは必ずしも「子どもの視点のほうが正しい」と主張するものではない。むしろ分析資料からは「子どもの視点」それ自体が一枚岩ではないものとして立ち現れてくる。本稿では、子ども自身を含めたさまざまな当事者の語りの多義性をまずは確認し、そのことによって既存の解釈枠組に新たな視点を加えることを重視したい。

2. 分析方法と対象

(1) 新聞紙面上の悩み相談における語りの分析

本稿では『読売新聞』の身の上相談欄[4]を対象とし、親の離婚や不仲について子どもの意向がどう語られてきたかを、子どもからの語りと大人（親や回答者）からの語りを比較しながら分析していく[5]。読売新聞の身の上相談欄には、普段は口にしづらい離婚についての語りが多く集まる上、一般の人々の語りとそれに対する回答者の規範的な語りを両方観測できるため、本稿の分析目的に良く合致する。また読売新聞の身の上相談は最も長期にわたって連載されている新聞紙面上の悩み相談コラムであり、通時的分析に非常に適している。さらに読売新聞は広い読者層をもつ全国紙であるため、多くの人々に読まれることを前提とした正当化や批判のロジックを観察しやすい点も重要である。なお本稿の目的は人々の語りから当時の解釈枠組を拾い出すことなので、相談内容の真偽は問題としない。

分析に当たっては一九一四～二〇二〇年の「身の上相談」「人生案内」から基本的には毎年三月分と九月分を全件収集し[6]、その中から子どものいる夫婦の離婚が語られているものを分析資料として抽出した（合計九六七件）。またこれに加えて、離婚への言及はないが子ども自身が親の不仲を相談しているものも、補足分析のため参照した（合計四十六件）。

（2）分析における言葉の定義

「子ども」という用語には、①親に対置されるポジションとしての子ども、②大人ではない未成年としての子どもの二つの意味がある。分析ではできるだけ①②の双方を満たすケースを対象としたいが、未成年の子どもが親の離婚を語る資料の総数が少ないため、成人した子どもの語りも扱う。新聞の悩み相談欄という資料の性質上、未成年の子どもの語りは少数派であり、特に低年齢の子どもの語りは全く収集できないため、その点は本稿の限界である。だが十代の子どもの語りは散見され、また成人した子どもが過去を振り返って語るものも多いため、分析に一定の意義はあると言える。

なお本稿における離婚は、子どもからみた親同士の離別という意味において重要であるため、必ずしも法律婚をした夫婦の離婚のみには限定しない。法的な離婚以外にも、「家を出る」「別れる」「離縁する」などの言葉で夫婦の離別が語られている場合は、本稿の分析対象に含めることとする。

3. 子どもが語る親の離婚

（1）子ども自身からの相談

子どもからの相談は全体としては少数だが、常に一定数見られる。対象資料中では、子どものいる離婚に関する相談（全九六七件）のうち、九十八件が子どもからの相談であった。このうち未成年の子どもからの相談であることが明示されているのは三十二件である。[7]

ただし、子どもからの相談を見る際には、子ども自身の語りが多様であることに注意していく必要がある。

まずは両親の離別について否定的に述べるタイプの語りを挙げる。この種の語りはすべての時期においてて見られる。具体的には、別れてほしくないと述べるものや、離婚による悪影響・子どもの立場からのつらさを表明する相談などがこれに当たる。一部を例示すると、離別後の両親の関係について「大恩ある母に叛くことも出来ず、さりとて病の父を見捨てるにも忍びず」と悩む二十一歳の娘（一九一五年三月二十三日）や、両親の離婚により「無教育の母」に引き取られた現状を嘆く十四歳の娘（一九五九年三月十二日）、両親の離婚で家庭が暗いと嘆く十九歳の娘（一九八二年三月十七日）、離婚する両親を「許せない」と語る二十一歳の娘（一九九六年三月二十六日）、小六の時の親の離婚が人生のハンデになったと嘆く三十代の息子（二〇一九年九月二十八日）などである。

しかしそれと同時に、両親に別れてほしいと望む子どもからの相談もまた、すべての時期で一定数ある。例えば父の女性問題により「一家に波風の絶える事がなくな」ったため、母親を引き取って両親を離別させようと考える二十五歳の息子（一九一四年五月二十四日）、酒乱の義父に悩まされる母について「思い切って義父と別れた方がいいのではないでしょうか」と相談する高二の娘（一九六八年三月九日）、父から暴力を振るわれ続ける母を逃がしたいと悩む二十三歳の娘（一九七〇年三月八日）、母と離婚してほしいと父に願う十七歳の娘（一九九〇年三月三十一日）、家族に暴言を繰り返す父との離婚を母に望む十代半ばの娘（二〇一六年九月二十四日）等々、この種の語りも枚挙にいとまがない。

またこれに関連して、離婚についての言及はないものの、両親の不仲な状態そのものがつらいと訴える子どもの語りもまた、すべての時期において一定数見られる（野田 2005, 2006）。一部の日付のみ列記すると、一九一四年五月十六日（二十二歳息子）、一九二二年三月四日（十八歳娘）、一九五六年三月四日（十七歳娘）、一九六三年三月十八日（中学生娘）、一九六四年三月十日（大学二年息子）、一九九二年三月十日（二十八歳娘）、一九九八年三月一日（二十三歳娘）、二〇一四年九月八日（三十代娘）、二〇二〇年九月二十六日（二十代娘）などである。

なお個々の子どもの年齢や親の離婚理由などは多種多様だが、仮に似たような状況であっても、それに対する子どもの反応がしばしば異なることには注意しておきたい。例えば父の暴力が原因の離婚について、兄二人は母を助けず冷たい態度をとる一方で自分は姉二人と共に母を支えたいと語る二十歳頃の娘もいれば（一九五三年三月二十六日）、同じ二十歳頃の娘でも、母に暴力を振るう父を自分は好きだと語り、離婚を望む母の意向に消極的なケースもある（一九八四年三月三十一日）。

（2）回答者の反応

子どもが語る子どものつらさは、しばしば回答者によって否定されたりずらされたりすることがある。ここではこうした否定のパターンを中心に見ていきたい。子どもからの相談自体が少ないため厳密な時期は同定しづらいものの、回答には時代によって変化が見られるため、以下では大まかな傾向を示す。

・一九一〇年代～七〇年代半ば

この時期は基本的に、子どものいる夫婦の離婚そのものが「子どものため」に強く抑制される時代である。それは親からの語りにも、回答者からの語りにも共通する傾向だった(8)（野田 2008）。

しかし実は子ども本人が両親の離婚を望むタイプの相談は、この時期にも慮外に見られる。また両親の別離を受け入れた上で、離婚する母親のサポートを決意する子どもの語りもしばしば見られる。だがこの種の子どもの語りに対して、回答者は非常にしばしば、否定や聞き流し・無視といった態度を見せる。

例えば酒乱の父が「母に対し言語に尽くせぬ虐待をしてきた」と述べ、離婚が決まった母の面倒を姉妹三人で見ようとしている結婚直前の娘に対し（一九五三年三月二十六日）、回答者は本当は父も母も離婚したくないはずだと根拠なく語り、「女三人の姉妹は、離すより近づかせる方に気をくばって」と指示する。また母に壮絶な暴力を振るう酒乱の父を憎み「こんな父とは別れて暮らした方がいい」と母に提案する十九歳の娘に対しても、回答者はその提案をスルーしたまま、「一種の病気なのですから、なおそう、なおさせようとする努力を家族みんなでしなければならない」と述べるのみである（一九七一年三月十二日）。

なおこの時期は、子どもが両親の不仲な状態そのものを問題化する語りについても、回答者が否定したりずらしたりするケースが多い。

例えば「父と母との間には時々悲しい恥かしい騒ぎが起ります」と嘆く二十二歳の息子に対し、回答者は「さういふ動機から、貴君が立派な人物になられたなら、却つて禍を転じて福となす」と述べ、両親の不和を脱問題化する（一九一四年五月十六日）。また父親が妾を同居させたため「始終ごたごたした複雑な家庭」に耐えかねた母と兄が家出を計画していると悩む十九歳の娘への回答は、「人に幸福をもたらす事を天職とされる医者に、そういう……非人情がおできになる筈はない」として、父の職業を根拠に娘の悩み自体を誤解ではないかと否定するものだった（一九五〇年九月十日）。また浮気相手の家に入り浸る父を批判し「母がかわいそうでなりません」と嘆く高三の娘への回答も、「お母さまは……そんなお父さまとなぜ別れないのでしょうか」「ご両親のことはご両親にまかせ……せいぜいお母様を慰めてあげること」というものであり、子どもから見た父親の行状を脱問題化させる語りとなっていた（一九七〇年三月十九日）。

このように、親の離婚を望む子どもの語りや、親の不仲を嘆く子どもの語りは、一九一〇〜七〇年代半ばには回答者から否定またはスルーされることが多い。これは「子どものためには絶対に離婚すべきではない」とする当時の強い規範との関連で説明できるだろう。離婚を望む子どもの語りの否定はもちろんだが、親の不仲が子どもにもたらす苦痛を脱問題化することもまた婚姻継続による家庭内不和の状態を脱問題化させる効果があるため、当時の離婚抑制規範に親和的な語りなのである。個々の事例では揺らぎもあるが[9]、基本的には子どもの語りはその時代の規範に沿う形で処理されているといえる。

・一九七〇年代末〜八〇年代

一九七〇年代末頃からは、親の不仲がつらいと訴える子どもの語りが回答者によって否定されることはなくなり、徐々に重視されていくようになる。不仲そのものの問題視である。

例えば「父の許しを得て、やっと週に一度入浴している母」の姿に、「私もつい父とやりあってしまい、そんな生活がたまらなかった」と語る娘（年齢不明）に対して、回答者は「お父さんの最近の行状が、心豊かな子どもたちの悩みの種となるのは悲劇」と述べ、同情的である（一九八一年三月四日）。また父が母と離婚しないのは「私たち子どものため」だが、「家庭は冷え切っていて暗い毎日」「別れてお互いに幸せになってくれた方がいい」と悩む二十一歳の娘には、回答者が「『子どものために自分の人生を犠牲にしてきた』と親に言われた子どもは、その償いができないだけに大きな負担を負ってしまう」「それは子どもにとっても親にとっても不幸なこと」と述べ、子どものつらさを追認している（一九八九年九月八日）。

実はこの時期は、親側からの相談に対しても、回答者が「子供にとって、自分のために父親や母親が不本意な結婚生活をつづけたというくらい耐えがたい生活はないはず」（一九七八年三月四日）などとして、従来の「子どものために離婚を我慢」という価値観を否定しはじめた時期である（野田 2005, 2008）。回答に見られる規範的語りのパターンが変化するとともに、特定のタイプの子どもの語りに対しても、従来はなかった種類の理解が示されるようになったといえるだろう。

・一九八〇年代後半～二〇二〇年

この時期には、両親の不仲を問題化する子どもの語りは回答者によって重視されており、否定されることはほとんどないが、新たな傾向が顕在化する。それは、両親の不和が「離婚」につながる場合においては、その離婚は親が決めるものだとして、子どもを明確に非当事者化する動きが出現してくることである。この原則は、親の離婚を望む子どもにも、嫌がる子どもにも、同じように適用される。

まず親の離婚を嫌がるケースでは、父親の女性問題が原因で離婚を望む母に対し、「私としては、離婚してほしくありません」と述べる二十八歳の娘に対し、回答者が「当事者である父母自身の問題なのですから、その処理も当人たちに任せるしかないのでは」と窘めるものがある（一九九一年九月三日）。

他方で親の離婚を望むケースでは、憎み合いながら暮らし続ける両親について「母はわからず屋の父と別れて余生を送った方が良い」と述べる三十代の娘に対し、回答者が「離婚の当人は母親なのですから、それは母親自身で決めること」と窘めるものがある（一九八五年九月二日）。また父から暴力を受ける母について「子供の立場から両親を離婚させることはできないでしょうか」と悩む大学四年の娘に対しては、回答者が「じっと耐えている母の姿を見るのは、あなた方兄妹にとって、胸が痛むことだろうと思います」と子どものつらさに配慮しつつも、「当事者である母親にその意思がなければ、どうにもなりません」として一線を引くものがある（一九九二年九月三日）。さらに幼い頃から夫婦喧嘩に子どもを巻き込み続けてきた両親に離婚してほしいと願う二十代の娘は、「父には『口出しするな』とどなられ、母からは『お前のために離婚しないのに、ふざけるな』とののしられ」たことを訴える。これに対して回答者は「子としてつらいですね」と同情しながらも、「離婚するかどうかは夫婦の問題で、あなたが口を出すべきことではありません」と明言する（二〇一七年九月九日）。

このように一九八〇年代後半以降、両親の不仲をめぐる子どものつらさは重視される傾向が強まったが、そこに離婚という要素が付け加わると、子どもは一気に非当事者化される傾向があることが分かる。この点については本章第４節でも詳述する。

（３）親の語りに現れる子どもの意向

なお子ども本人からの相談ではないが、親である相談者の語りの中に、子どもの声や意向が記されている事例もある。その場合、子どもの意向は親自身の希望と一致していることもあれば、いないこともある。

これに対する回答者の反応は、ケースにもよるが、（２）で示した傾向と重なることが多い。つまり、その時代の規範的語りに当てはまる場合は子どもの語りが追認され、当てはまらない場合は子どもの語りが否定ないしは無視されるという傾向である。例えば一九一〇年代〜七〇年代半ばには「子どものために離婚を我慢する」ことが基本なので（野田 2008）、離婚をいやがる子どもの声はそれを補強する方向に作用することが多い。しかし相談者（特に妻）が離婚を望み、子どもがそれを応援するケースでは、回答者が子どもの意志を否定することがある。例えば愛情のない夫と離別する強い気持ちがあり、「子供もそれをすすめてくれて共に新しい男のもとに行くと言っています」と語る三十七歳の母親は、回答者から「五人のお子さん達に対して、あなたの口から、その父親を尊敬し愛するように言ってきかせておあげにならねばなりません」と、子どもの気持ちを変えるよう諭されている（一九五一年三月二十八日）。

一方、一九八〇年代以降になると、夫または妻からの離婚相談に対しても、（２）で見た通り「夫婦問題に子どもは無関係だ」と回答するケースが目立つようになる。この時期には、かつて「両親が離婚してつらい思い」をしたという自らの体験を根拠に、離婚を我慢すべきかと悩む妻に対してすら、回答者がその種のロジックを否定して、離婚を勧めるケースが見られる（二〇〇一年三月二十七日）。また自分は夫を許せないが「子どもがパパを好き」なため離婚に踏み切れないという妻に対しても、回答者が子どもではなく妻自身の意向を重視して「離婚の準備を進めるべき」と促すケースが見られる（二〇一三年九月五日）。やはり離婚の際には子どもではなく親自身の意向を尊重すべきだという緩やかな合意が、回答者の語りにおいては存在するように思われる。

（4）小括

以上をまとめると、子どもが親の離婚や親の不仲について語るケースは、少数ながら、常に存在してきたことが分かる。しかし子ども自身が何を望むかは多様であり、子どもを取り囲む状況も子ども自身の考え方もさまざまである。似たような状況で親の離婚を望む子どももいれば、望まない子どももいる。また親や回答者が配慮する「子どものため」の内容が、子ども自身が語るつらさとずれるケースもあれば、親と回答者の間で「子どものため」をめぐる想定がずれることもあった。子どもの語りも、「子どものため」の語りも、非常に多義的なのだといえる。

さらに子どもの声に対する回答者の語りは、時代によって大きく異なっていた。特に、親の離婚の是非をめぐって「子どものため」という論理を強調していた時期であってさえも、当時の社会的な合意に沿わない場合、子どもの語りは否定される傾向があったことには留意しておきたい。

4. 子どもは夫婦問題の当事者か？――時代による変化

以下では、親の離婚をめぐる子どもの当事者性に焦点を当て、これを人々がどのように語ってきたか、時代ごとに見ていきたい（時期区分は語りの内容から設定した）。

(1) 一九一〇年代～八〇年代

・子どもを当事者化させる語り

この時期には、（子の年齢にもよるが）夫婦の離婚問題をめぐって、子どもを当事者と見なす傾向が強い。その当事者化のパターンとしては、以下の三つを指摘できる。

まず、親の離婚の可否を判断する基準そのものに子どもの意向を入れる形で、子どもが当事者となるパターンである。ここには子ども自身が相談者として自らの言葉で意見を語るもの、また親の語りの中で子どもの意向が重視されているもの、あるいは回答者が子どもの意見を聞くよう相談者たる親に指示するものが含まれる。

この時、子どもが親の離婚を望んでいないと想定されている場合は、たとえ子どもが乳幼児で自らの意見を表明しえない場合であっても、「子どものため」に離婚の可否を判断する例が目立つ。例えば一般論として「子どものある夫婦には、なるべく離婚は思いとどまってほしい」とする回答者の言明や（一九六六年三月七日）、夫の浮気・失業・借金に悩む妻に対して「離婚！　これもあなたのお考えの通り、現状では子どもさんのためにもおすすめできません」と述べる回答者（一九七〇年三月二十三日）など、この種の語りは非常に多い。

またある程度成長した子どもが述べる、親の離婚についての判断や意見が、かなり尊重されているケースも見られる。例えば父親の女性問題について「意見いたした處、父も一時はをとなしくなりました」と述べる二十五歳の息子（一九一四日五月二十四日）や、夫の女道楽と賭博に苦しみ離婚を考える妻が、十代後半と見られる「大きい子ども」の「別れろ」という言葉を援用するもの（一九五二年三月二十日）、十三年前に離婚した妻が「最近では父親を家に入れてくれと子どもから言われて困っています」「私には子どもの父親への愛情も、復縁する気も全くないのですが、男の子のいうことならきかなければいけないものでしょうか」と悩む語り（一九六三年三月二十六日）などである。

次に、夫婦問題をめぐって子どもを当事者化させる語りの二つ目のパターンは、夫婦円満な家庭作りの責任を、子どもに対しても求めるものである。こうした語りは特に大正期の回答に目立つ。[10]例えば両親の不仲を嘆く二十一歳の娘に対して、「出来るならば子たるあなたの力に依つて、御両親の間柄を仲好くさせておやりになること」と述べる回答（一九一五年三月二十三日）は、既に離別完了した両親の男女関係に介入するよう、積極的に子どもを動員するものである。また父親が別の女性と家庭を構え、「母は……涙の日を送つてゐます」と悩む十八歳の娘に対する回答も、「貴女御兄弟達は母上を慰安し協力して一家を明るく引立てるに努めて行けば聽ては父上が眞に目覚められる時も来ると思ひます」というものだった（一九二二年三月四日）。

こうした「夫婦円満」「家庭円満」における子どもの当事者化は、父／夫の免責と表裏一体で行われるのが特徴である。特に大正期の相談では、家庭内における男性の横暴（浮気・酒乱・暴力・借金など）が、回答者によって極めてしばしば脱問題化される。そしてその際には「円満な家庭を作る責任は子どもにもある」という論理がしばしば語られ、家庭問題の責任が父から免除される代わりに、子どもへと移行されるのである。これは家長の権力が強く、かつ親に対する子どもの責任が重視されていた当時の時代背景を反映しているともいえるだろう。

最後に、子どもを夫婦の離婚問題の当事者として語るパターンの三つ目としては、離婚後の子どもの支援や関与を当てにした上で、離婚の可否が判断されているケースである。特に子が成人して独立生計を営んでいる場合は、当事者として積極的に問題解決に当たらせる親や回答者の語りが散見される。

具体例としては、息子二人と娘一人の自立を機会に封建亭主の夫と離婚したいという妻に対して「ほんとうにご主人と別れる気なら、お子さんたちとも相談して冷静に決めなくては」と述べる回答や（一九六九年三月十七日）、不倫を続ける夫について悩む妻に対して「もしもう一家をなしているお子さんがあれば、息子さんなり娘さんにお父さんへ意見してもらったら」とする回答（一九七五年三月二十日）、酒癖が悪い夫と別れたいという妻に向けて「子どもも高二と中三になって、ものごとの判断はつく年齢のはずですから、突っ込んだ話をしてその意見も聞きながら、もう一度よく考えて」と語る回答（一九八九年三月七日）などである。

・子どもを非当事者化させる語り

しかしながら、この時期の身の上相談欄には上述のタイプとは逆に、夫婦の離婚問題において子どもを非当事者化させるタイプの語りもまた一定数見られる。これについては大きく二つに分けて示す。

まずは、親を扶養できない子どものみを、親の離婚問題から非当事者化させるケースである。例えば、借金だらけで働かない父との離婚を考える母について十七歳の娘が相談するケースでは、回答者は「あなたはまだ十七歳で家族を養う能力もなく、親の保護下にある身分であってみれば、自分でこの問題を処理することはできない」と述べ、相談者を非当事者化する（一九七二年三月十日）。また、父と別居後の母の生活について悩む二十五歳の娘（既婚の主婦）のケースでは、回答者は「結婚して離れた土地に住んでおられるあなたにとって、父母のことを、面倒見切れるものではありません」として娘を非当事者化する一方で、遠方で就労している弟が母を引き取るのが一番良いのではないかと提案する（一九八八年九月七日）。この回答は、母親を扶養できるかどうかの基準によって、収入のある独身の弟妹のみを当事者化している点で注目される。

次に、子どもが父親の女性問題や酒乱や暴力を批判したり、そこから母親の離婚を後押しするようなケースにおいても、しばしば回答者は子どもを非当事者化させることで、父親への批判を回避させようとする傾向がある（これは第3節でも部分的に紹介した通りである）。

例えば金遣いが荒く失業中の父との離婚を決めた母について、自分も賛成だと述べる高三の娘の相談に対し、回答は「離婚のことは子どものあなた達は口出しせず、両親の話合いにまかせて」「あまりお父さんを憎まないようにしてください」と窘める（一九五四年九月六日）。また、「このまま一緒にいると殺される、別れたい」といって離婚を希望する母に賛同し、父の面倒を見たくないと述べる二十数歳の娘への回答は、「離婚する、しないはあくまで夫婦間の問題であって、当事者以外のものがとやかくいうべき筋あいのものではない」「母上は口では別れたいといっても本心はどうなのか」というものだった（一九七〇年九月一日）。この回答は母の主体性を重視するためというよりも、むしろ父親について「あなたを一人前に育ててくれた人ですし……親子の関係は続くことをご承知下さい」という結論部を導くために、親の離婚問題から娘を非当事者化しているようにも読み取れる。

さらに一九七二年九月十一日に掲載された高一の娘からの相談では、両親の離婚後に自らの意志で母についていったが、父に強引に連れ戻され、伯母の家で家事の手伝いをさせられ、勉強もできず、最終的には学校の先生らの家を転々とした後に母の元に戻ったという経緯の後に、「父を絶対許すことができません」という強い怒りの言葉が表明される。しかしこれに対する回答は「あなたも一人の人間として、自分の考えをもってよい年齢」と述べながらも、「父母が離婚し、どちらが親権者になったにせよ、親子の関係は変わりはないということ、そして……父の寂しさも理解できるだけの気持ちの広さを持てるように」と窘めるものだった。

これらの回答に共通しているのは、子どもから父への異議申し立てを無効化させると共に、父の問題行動を免責し、脱問題化させようとする効果である。

これに関連して指摘しておきたいのは、一九七〇年代半ば頃までの身の上相談欄では、夫婦仲と親子仲は別物であり夫婦の不仲は子どもに悪影響を与えないはずだという想定が、たびたび語られていたことである（野田 2006）。つまりこの時期の社会的通念としては、夫婦の仲がいかに悪かろうとも、親子関係はそれとは別に良好かつ緊密なものとして成立しうるはずだ／べきだという想定が強かったのである。

(2) 一九八〇年代末〜二〇二〇年

・回答における離婚時の子どもの非当事者化

一九八〇年代末以降も、親からの離婚相談においては、子どもの気持ちや意向を気にかけ、重視する語りが存在しつづけている。その中には子どもの意向を重視して離婚を我慢するものもあれば（二〇〇九年九月十五日、二〇一一年九月九日、二〇二〇年九月二十日など）、逆に子育てに全く協力せず子どもから避けられるようになった夫とは離婚したほうがよいかと、夫のことは好きであるにもかかわらず悩むものすらある（二〇〇三年三月八日）。

しかしながら第3節でも見た通り、回答者においては一九八〇年代後半以降、夫婦の離婚を考える際に子どもを一律で非当事者化させるべきとするタイプの語りが増加し、主流化していく。これは親からの離婚相談に対してもそうだが（野田 2008）、本稿で見たように子ども本人からの相談に対しても、離婚は夫婦が決めるものだという原則にもとづいた回答が主流化するのである。この原則は親の離婚を望む子どもにも拒む子どもにも等しく適用される。

例えば父の暴力でひどい鬱状態となった母を別居させたい、一日も早く助けたいと訴える三十代の娘に対する回答は、「母親はあなたや息子にどうしてほしいのでしょう」と確認するものである。この回答者は母に別居の覚悟があるのかを問い、「それがはっきりしないと、あなたとしても対処法がわからないのでは」と持ちかける（一九八八年九月十九日）。ここでは成人した子どもが母を助けることと自体は認められているものの、子どもの介入には母自身の強い意志が前提となっている。また、幼少期から夫婦仲が悪かった父が莫大な借金を繰り返すのに「離婚を決意しない母にもふがいなさを感じます」と述べる娘（年齢不明）に対し、回答は「夫婦間のことは当事者にまかせるとしましょう。なぜなら、それは両親の人生だからです」と述べるのみである（一九九二年九月一日）。

一方で両親の離婚を「許せない」と語る大学三年の娘に対しても、やはり回答は同様に「両親の離婚は彼らの問題です。それによって、あなたの人生が変わってはならないし、変わってしまうあなたであってもいけないのではないでしょうか」と語り、離婚を望むケース同様に、子どもの意志表明は棄却される（一九九六年三月二十六日）。

このように親の離婚時に子どもを非当事者化させる語りには、それまで「子どものため」に抑制されてきた親（特に妻）の主体性や選択性を尊重させようとする意図および効果があるものとも思われる。だが自己決定できそうにもない鬱状態の妻についても同様の原則が適用されている様子を見ると、これは現代特有の新たな規範的語りともいえるかもしれない。

なお近年の回答の中には、離婚の際に子どもを非当事者化させすぎることの弊害について触れるものも現れている。例えば、父との離婚前から自分を連れて男性と会っていた母について「心を傷つけられてきました」「許せない」と語る中学生の娘に対しては、回答者が「これほどつらい経験を重ねていることに胸が痛みます」と共感を寄せ、「母親にも自分の望む人生を生きる自由はありますが、子どもの権利を保障することを放棄してまで、自分の欲求を追求することはあってはならない」と述べている（二〇一七年九月十六日）。また親の離婚が原因で貧困や大学中退を経験した三十代の息子が、「両親は……離婚で子どもに迷惑をかけた認識はないようです」と批判的に述べる例もあるが、これに対する回答は、親を恨み続けることの無意味さを説きつつも、「確かにハンデはあります」と認めてもいる（二〇一九年九月二十八日）。いずれも「親の離婚は子どもと関係ない」で終わるのではなく、子どもはそれでも親の離婚の影響を受けてしまうのだということを認める回答とも見なしうる。

とはいえ、やはりこの時期は全体的に、離婚の是非の判断の際に子どもが非当事者化される傾向が強い。

・仲の良い家族の理想に向けた子どもの当事者化

しかしながら一九八〇年代末以降の現代の複雑なところは、話が離婚に至らない場合は、両親の夫婦仲の悪さは子どもにとって非常につらいものであり、悪影響を与えるという想定がたびたび語られる点である。ここでは子どもは親の不仲に巻き込まれ、心に傷を負う当事者として立ち現れてくる。

例えば一九九八年三月一日には、両親の仲が悪く父を憎むようになってしまったという二十三歳の娘が「何とかもう少し家族の心が寄り添うようになってほしい」と語る。これに対する回答は、もはや一九五〇年代のように父への憎しみを消そうとすることはないため、結果として子どものつらさは否定されず、事実上追認される形になっている。また二〇一七年九月十二日には「夫に愛情は感じていませんし、今さら夫婦らしい関係を築けません」と述べる妻からの相談に対し、回答者は「これで子どもに影響が及ばない方が不思議です」「両親が一緒に出かける姿を見るだけで子どもはほっとするものです」と批判する。離婚を考えない限り、夫婦の不仲は「子どものため」に厳しく問題化されるのだ(11)。

なお、この時期の家族の不仲問題に対しては、家族同士の「話し合い」や「コミュニケーション」が、回答者から解決策としてしばしば提示されることがある。例えば二〇〇四年九月十五日には、ギャンブルで家族に迷惑をかけ続ける父と、父の兄弟の説得で離婚を諦めた母のもとで育った三十代の娘が、何を考えているか分からない怖い父との付き合い方に悩む相談がある。これに対し、回答者は「あなたたちは、もっと父親と会話をする必要があります」「遠慮なく意見をぶつけられるのが、親子の良さというものでしょう」「よく話し合うこと」と述べるが、これは典型的である。

第３節でも見たように、一九七〇年代末以降の語りにおいては、良好な家族関係を理想と見なす傾向が強まっている(12)。そんな中で子どもについても、親と同様、それを作り上げていく当事者なのだという想定が、たびたび語られるようになっている。例えば一九八二年三月十七日には親の離婚で家庭が暗いと嘆く十九歳の娘に対して、「家族の雰囲気は、みんなで作るもの」「お母さんだけを責めないで、あなたが先頭に立って明るい家庭にして下さい」と窘める回答がある。

ただしこのように子どもを当事者として包摂する語りは、あくまでも親の離婚そのものからは切り離された領域に限られるという点には注意が必要である。例えば以下のようなケースを見てみよう。子どものために離婚を我慢する両親のもとで家庭を明るくしようといろいろ提案したがことごとく実行されず、冷え切った家庭の暗い生活に疲れたと嘆く二十一歳の娘の相談である（一九八九年九月八日）。この娘は両親について「私たちのために犠牲になって我慢していると言われると、別れてお互いに幸せになってくれた方がいい」と語る。これに対して回答者は娘のつらさを追認しつつも、やはり離婚は「両親が決めること」として、娘を明確に非当事者化する。しかし同時に娘に対して、「『楽しく暮らしたい』というあなたの考えを、家族全員で話し合うこと」を求めるのである。これを娘の視点から見ると、両親の関係について自分が主体性を発揮する術はない一方で、先の見えない生活の中、家族が楽しく暮らすための努力は続けねばならず、さらに父母を含む「家族全員」での話し合いをしなければならない。かなり葛藤の強そうな状況である。

また「話し合い」という点では、二〇〇五年九月四日に掲載された、十代の娘からの相談も見てみよう。家族は一年前まで仲が良かったが、大好きな父が外で別の女性と子どもを作り、両親は離婚した。相談の中では父の裏切りと同時に、もう二度と父に会えないつらさも語られる。加えて母の愚痴の聞き役となりながら、自分自身のつらさは母に聞いてもらえない娘の苦しみも語られる。これに対して回答者は娘のつらさを追認し、今の気持ちを母に話すよう促しながらも、結論部分では親の離婚を「悲劇的なものばかりではない」「新しい人生の出発」として、娘から前向きに母に伝えることを促している。それが母親の立ち直りに一番有効だというのである。ここで、相談者は親の離婚をめぐり異なる感情に引き裂かれていること自体を聞いてほしがっているのだが、回答者が重視しているのは前向きな感情のみである。つまり語られている子どものつらさと、回答者による受容の語りは、微妙にずれている。さらにこの母親が子どものつらさを受け止める余裕を持っていない可能性は、さしあたり考慮されていない。

二〇一四年九月八日の三十代の娘からの相談では、口もきかない父娘の不仲と、両親の不仲、そして「家族がこんな状態でいいのか、という葛藤」が語られる。これに対して回答者[13]は「全員が仲良くにここに」しているような家族の理想そのものを「できすぎた話」として否定してみせるが、これは現代の行きづまりを鋭く突いた回答といえる。これまで見てきたように、「話し合い」や「コミュニケーション」の価値の強調とともに「仲の良い家族」という理想の実現が重視されつづける限り、現実の両親の夫婦関係における当事者化と非当事者化の間で、子どもの葛藤は尽きないだろうからである。

(3) 小括

一九一〇〜八〇年代には、子どもはいくつかの意味で離婚の当事者と見なされ、子どもの意見が重視されることもあった。だがその一方で、両親の不仲そのものが子どもにとってつらいのだという想定は一九七〇年代まではあまり語られず、その点に関しては、子ども本人からの訴えすら否定される傾向があった。またその当時の社会の主流な価値観に沿わない子どもの声は、否定されたり受け流されたりすることも多かった。

他方で一九八〇年代以降には、子どもにとって両親の不仲それ自体が重要であり、悩まれなければならないのだという想定が強まる。これは第二の近代において家族の親密性の社会的価値が上昇するというベックやギデンズの指摘とも矛盾しない。

しかし同時に一九八〇年代末以降の離婚言説においては、「離婚は両親のものであり、子どもには関係ない」という語りもまた強まっている。これは子どもの立場から見れば、矛盾したメッセージとなりうる。なぜなら、離婚が問題になるケースでは、子どもは夫婦関係の部外者として非当事者化されるのだが、同時に夫婦仲の悪化そのものについては、子どもはそのことで深く傷つく当事者として語られるようになっているのが現代の特徴だからである。つまり子どもにとって両親の夫婦仲は自らの心のありように大きく関わる重要なものであるにもかかわらず、両親の離婚が選択肢に入ってきた瞬間に「両親の夫婦仲は子どもとは関係ない」という論理で切り離され、当事者性の基準が変わるのだ。

近年、家族の親密性がいっそう社会的に重視される中で、両親の夫婦問題における子どもは、いわば当事者化されながら非当事者化されている。そこに現代ならではの矛盾や葛藤も存在するのではないだろうか。

5. 結論

(1)「子ども」と「子どものため」の多元性

資料を通じて見てきたように、親の離婚や不仲を悩む子どもの語りは常に存在してきた。そしてその子どもの語りは、常に多様だった。「親の不仲がつらいから離婚してほしい」と訴える子どもと、「親が不仲でも離婚しないでほしい」と願う子ども。どの時代においても、双方の語りが常にある。

また離婚をめぐる親と子の意向にも、一致と対立が常に見られた。これはそもそも子どもの状況や個性、個々の家庭環境や親のあり方が多様である以上、当然だろう。親の離婚がたまたま子どもの利益につながるケースもあれば（ひどい親との接触回避や、面前DVからの遮断など）、たまたま不利益につながるケースもあるし（いずれかの親との望まない別れや、つらさを語る言葉の封印など）、そうかと思えば家族の円満を願う子どもの声が、親の状況制約性につながるケースも出現しうる（配偶者を批判する言葉の封印や、望まない婚姻の継続など）。

一九八〇年代末以降の身の上相談欄では、こうした親子間の潜在的なニーズの対立や葛藤の解決手段としてしばしば回答者から提案されるのは、家族のコミュニケーションである。これはギデンズのいう民主的な対話の重視にも見えるが、他方では離婚前後の子どもを支える社会制度の未整備の中、責任が当事者にのみ丸投げされているという側面もあるのではないだろうか。しかも未成年の子どもは生活を親に依存しているため、離婚をめぐる親と子どもの対話が決して「対等」なものになりえないことは、分析から見てきた通りである。

（2）現代ならではの子どもの困難

本稿では、「子どものため」を語る背景としての家族観や愛情観も、時代によって変化してきたことが示された。近年は特に夫婦や親子の良好な関係性が重視される時代であり、これはベックやギデンズが指摘する親密性の価値の増大に相当するともいえるだろう。

だが第4節で見てきたように、この傾向が強まれば強まるほど、夫婦の離婚と不仲をめぐる子どもの語りには独特の複雑さが生じうる。家族の間であっても根源的に存在する他者性や、子どもと大人の間に横たわる解消不可能な非対称性についても、「対等にコミュニケーションしあう家族」という幻想の下では、塗りつぶされてしまう瞬間が増えるかもしれない。

しかし子どもと大人の対等性が現実的には難しい中で、もし利害の対立自体が不可視化されてしまうならば、それは何をもたらすだろうか(14)。

すでに指摘した通り、現代は子どもというポジションにとって、独特の葛藤がある時代といえる。一九七〇年代後半以降、両親の夫婦仲の良し悪しは「子どものため」に強く問題化されるようになっており、その意味で両親の夫婦関係は子どもにとって「自分事」の問題として語られるようになった／語らなければならなくなったといえる。だが話が離婚に及んだ瞬間、子どもは両親の夫婦問題から急激に非当事者化され、つらさも悩みも巧妙にずらされていく。こうした中で親と子どもの利害のズレを不可視化させることは、現代の子どもポジションに特有の葛藤の深さそのものをも、不可視化させてしまう恐れがあるだろう。

（3）「民主的な家族」とは何か

すでに見たように、ギデンズは「抑圧的な前期近代の家族から親密性を重視した民主的家族へ」という変化の図式を描く。だがこれは、「家族が持つ妻への抑圧性」を「子どもへの抑圧性」と過度に同一視するまなざしだといえる。「妻を抑圧／解放することは、子どもにとってもまた抑圧／解放なのだ」と楽観的に同一視できるほど、親と子の立ち位置や人格はイコールではないし、「子ども」なるものの人格もまた一様ではない。

同様に、ギデンズが提唱する「親密性を重視した民主的家族」も単純ではなく、誰と誰の親密性のことなのか、誰と誰の意思決定プロセスをもって民主性を測るのか、といった問題が指摘できるだろう。民主化についていえば、子どもは親の離婚の意思決定プロセスに、親と同等の立場で参与することはできないという現実がある。しかしだからといって子どもの意向を優先させれば、それが親の選択を抑圧する結果になることもある。また親密性についていえば、夫婦仲と親子仲がまったく連動しない家族のように、成員の「親密性」同士がぶつかるケースもある（夫は／妻は嫌いだから離婚したいが、父子は／母子は仲が良いから子どものために離婚できない、など）。

家族の対等性とはこのように解決困難な問題だからこそ、私たちは「子ども」や「子どものため」が非常に多義的であることを丁寧にくみ取っていく必要があるだろう。そして親子（母子・父子ともに）の間であっても「幸せ」の形にはズレが存在しうることを、せめて可視化させ、受け止める必要がある。そのことは、例えば離婚時の子どもの支援を考える際にも、前提として重要になるだろう。

注

(1) 離婚と子どもについては、法や福祉の実務上の問題や、次世代への影響を検証した統計分析など、さまざまな領域で研究の蓄積がある（Thery 1986; 椎名・椎名 1989; 離婚制度研究会編 1992; 余田 2012; 吉武 2019 など）。

(2) しかし厳密に考えれば、そもそも夫婦についても最初から離婚するつもりで結婚する人はあまりおらず、配偶者の異性問題や金銭問題・暴力などでやむをえず離婚を選ばざるを得ないケースも多いので、実は「状況制約的な」選択としての側面もあるだろう。

(3) 親の離婚に関する子ども自身の語りを分析した研究には、ひとり親家庭の子どもにインタビュー調査をおこなった志田（2015）などがある。

（4）『読売新聞』の身の上相談欄は一九一四年五月二日に開始され、戦前は「身の上相談」、戦後は「人生案内」という名で、同一のコラムとして今も継続している。読者投稿に答える回答者の属性は小説家やライター、カウンセラー、弁護士、大学教授などさまざまだが、専門家言説ではなく一般の人々に親和的な回答が意識されており、社会規範から大きく外れた回答はしないよう心掛けているとの言明も多い（『読売新聞』一九五八年十二月二十一日夕刊、一九八九年十二月三十日朝刊などに掲載された回答者座談会での発言による）。

（5）なお野田（2008）は本稿と同じ資料を用いて、妻や夫の離婚希望が回答者によってどのように判定されるかを分析し、一九九〇年代以降の日本における家族の個人化が、実質的には妻の選択性の増大を指すことを示した。これに対して本稿では分析期間を二〇二〇年まで広げた上で、子ども本人からの語りと、それに対する大人（親や回答者）の反応に焦点を絞って分析を行う。

（6）厳密には若干の連載中断期間があるため、一九二一〜三〇年、一九三八〜四八年の資料はなく、一九三一年は九月のみ、一九三七年は三月のみの収集となった。また連載が開始された一九一四年は三月の代わりに五月、戦後の再開年にあたる一九四九年は一か月分の資料が存在する十二月分のみを収集した。

（7）なお子どもからの相談（全九十八件）のうち、息子が八件、娘が九十件で、圧倒的に娘が多い。子どもの年齢層は十代が三十二件、二十代が三十件、三十代以降が二十九件、不明七件である。

（8）本稿で示す回答の傾向は、回答者の性別・年齢によらず共通していたものである。そのため基本的に個々の回答者の氏名は記さず、「回答者」とのみ表記する（以下全て同様）。

（9）この時期に親の離婚を望む子どもの語りが回答者に認められた例は、父からレイプされた二十二歳の娘への回答（一九五一年九月二十六日）と、異常な嫉妬心で母を虐待する父について悩む二十三歳の娘に向けた、精神科医による回答である（一九七〇年三月八日）。

（10）なお戦後にはこの種の回答は減少するが、家を出て愛人と暮らす母に戻ってほしいと述べる娘（十八〜十九歳頃か）に対し、「あなたが母に会って説得するのも一方法」と提案する回答がある（一九六八年三月十三日）。

（11）二〇二〇年三月十七日には、憎しみあう両親について悩む高二の娘に対し、「そんな喧嘩を何年も目撃させられてきたことは、娘たちへの虐待」だと述べる回答すら出現している。配偶者への暴力や暴言を子どもに見せる「面前DV」が心理的虐待の一種として児童虐待防止法に規定されたのは二〇〇四年のことだが、これが実際の虐待件数に反映されだすのは二〇一〇年代後半のことである。ここからは両親の不仲について、子どもを明確な被害者＝当事者と見なす傾向が、近年いっそう強まっていることがわかる。

(12) 一九七〇年代後半以降には、それまで連動しないと語られてきた夫婦仲と親子仲が、連動するものだという新たな想定も語られるようになっている（野田 2006）。

(13) 仲の良い家族の理想像自体を明確に相対化してみせるこの回答は、小説家の眉村卓によるものだが、この種の語りは、今回の対象資料の範囲では、他にはあまり顕在化していない。

(14) 一九八〇年代以降の語りには、離婚時の「子どものため」と「親自身のため」の対立を不可視化・無効化するレトリックがしばしば見られる。これについては野田（2008）参照。

文献

Bauman, Zygmunt, 2001, *The Individualized Society*, Polity Press.（澤井敦・菅野博史・鈴木智之訳　2008『ソシオロジー選書1　個人化社会』青弓社）

Beck, Ulrich, 1986, *Risikogesellschaft: Auf dem Weg in eine andere Moderne*, Suhrkamp Verlag.（東廉・伊藤美登里訳　1998『危険社会――新しい近代への道』法政大学出版局）

Beck, Ulrich & Beck-Gernsheim Elisabeth, 1990, *Das ganz normale Chaos der Liebe*, Suhrkamp Verlag.（tr. by M. Ritter & J. Wiebel 1995 *The Normal Chaos of Love*, Polity Press.）

――― 2001, *Individualization: Institutionalized Individualism and its Social and Political Consequences*, SAGE.

ウルリッヒ＝ベック・鈴木宗徳・伊藤美登里編　2011『リスク化する日本社会――ウルリッヒ・ベックとの対話』岩波書店

Giddens, Anthony, 1991, *Modernity and Self-Identity: Self and Society in the Late Modern Age*, Polity Press.（秋吉美都・安藤太郎・筒井淳也訳　2005『モダニティと自己アイデンティティ――後期近代における自己と社会』ハー

ベスト社）

―― 1992, *The Transformation of Intimacy: Sexuality, Love and Eroticism in Modern Societies*, Polity Press.（松尾精文・松川昭子訳 1995『親密性の変容――近代社会におけるセクシュアリティ、愛情、エロティシズム』而立書房）

野田潤 2005「『子どもにとっての家族』の意味とその変容」『相関社会科学』14: 85-100

―― 2006「『夫婦の不仲は親子の不仲』か――近代家族の情緒的関係についての語りの変容」『家族社会学研究』18(1): 17-26

―― 2008「『子どものため』という語りから見た家族の個人化の検討――離婚相談の分析を通じて（1914～2007）」『家族社会学研究』20(2): 48-59

離婚制度研究会編 1992『子どものための離婚講座』有斐閣選書

志田未来 2015「子どもが語るひとり親家庭――『承認』をめぐる語りに着目して」『教育社会科学研究』96: 303-323

椎名麻紗枝・椎名規子 1989『離婚・再婚と子ども』大月書店

鈴木宗徳編著 2015『個人化するリスクと社会――ベック理論と現代日本』勁草書房

Thery, Irene, 1986, "'The Interest of the Child' and the Regulation of the Post-Divorce Family", *International Journal of the Sociology of Law*, 14: 341-358.

渡辺秀樹 1995「現代家族、多様化と画一化の錯綜」山岸健編『家族／看護／医療の社会学――人生を旅する人びと』サンワコーポレーション、47-66

山田昌弘 2004「家族の個人化」『社会学評論』54(4): 341-354

余田翔平 2012「子ども期の家族構造と教育達成格差――二人親世帯／母子世帯／父子世帯の比較」『家族社会学研究』24(1): 60-71

吉武理大 2019「離婚の世代間連鎖とそのメカニズム」『社会学評論』70(1): 27-42

第3章　第三者が関わる生殖技術と子ども
——家族の多様性と子どもの語りをめぐるポリティクス

日比野由利

——配偶子提供や代理出産を考えるとき、最初に考えて欲しいのは、それは子どもの最善の利益ではない、ということだ。依頼親の要求、不妊産業、そして人権がぶつかり合う中で、子どもの権利が優先して考えられることはまずない。配偶子提供や代理出産を考えるとき、これらは、子どもの最善の利益ではないという立場から出発しなければならない。

1. はじめに

冒頭に引用した文章は、国連の子どもの権利に関連して開催されたプレゼンテーションにおいて、第三者が関わる生殖技術によって生まれた人からなされた証言の一部である(1)。

精子や卵子、受精卵の提供、代理出産などは、第三者が関わる生殖技術（以下「第三者」）と呼ばれ、不妊治療の延長として、世界中で行われてきた。とりわけ精子提供の歴史は古く、日本では数十年前から行われてきた。(2) それは、非配偶者間人工授精（Donor Insemination: DI、または Artificial Insemination With Donor Sperm: AID）と呼ばれ、ドナーとなる人は、ほぼ例外なく匿名（anonymous）であった。親は、子どもにはその事実を秘密にすることが「子どものため」であると教えられた。

このようにして出生した人の一部は、成人後、その事実を偶然知り、自分の出自に深く思い悩むに至った。ドナーが誰かを知ることができない苦悩だけでなく、親から事実を隠されてきたことや、自分たちの同意を得ることなく（まだ生まれてきていないのだから当然だが）、そうした技術を（求められるがまま・秘密裏に）提供した医療者に対しても強い憤りを感じている。「第三者」から出生し、そのことを知った人々が、日本を含めて世界中で声を挙げるようになってきており、それが、冒頭の発言のような政治的主張につながっている。

当事者によるこうした問題提起を受けて、世界では、「出自を知る権利」に配慮がなされるようになっていく。スウェーデンやスイス、イギリス、オーストラリアなど一部の国では、子どもが成人して希望すればドナーの情報を得ることができるよう法制度が整えられてきている。他方、ドナーの情報を公開すれば、ドナー希望者が減少するなどの懸念から、ドナーの非匿名化に反対する見解も根強くある（Pennings 2012, 2017）。世界的に見ると、匿名ドナーを容認している国は、依然として少なくない。

一方で、テクノロジーの進歩が人々の意識や社会制度を乗り越えていく状況が生まれている。安価な遺伝子検査サービスの存在である。消費者がキットを購入すれば簡単に遺伝子検査を実施でき、遺伝的背景が似通った他の利用者と交流できるソーシャルネットワーク上のコミュニティもある。そのため、遺伝子検査サービスを利用して親と遺伝的につながっていないことを発見したり、ドナーやドナーきょうだいと出会い、交流したりする人が増えている（Harper et al. 2016; Crawshaw 2018）。

このような状況を受けて、「第三者」によって親になる人々に対しては、テリング（＝真実告知）が強力に推奨されるようになっている。世界中で、大小さまざまなサポートグループが形成されており、子どもに読ませるためのストーリーブックも出版されている。しかし、テリングが子どもにとって望ましいことだと理解はできても、実際に実行できる親はもっと少ない。異性愛の親にとってテリングは心理的障壁が大きく、後述するように、実際にはそれほど進んでいない。

こうした難しい面があるにもかかわらず「第三者」を利用する人々は増え続けている。それは、不妊治療の範囲を超えて、子どもを持つ有力な手段として選ばれるようになってきている。このプロセスは、世界各地で商業化されている。「第三者」を考える際、商業化というファクターは重要である。「第三者」で親になろうとする場合、一般に多額の金銭が必要になる。多額の金銭が動くことが、生殖ビジネスの興隆を促し、「親になりたい」という人々の欲望を喚起している側面がある。

「第三者」が普及することで、親になりたい人々の欲望は高い確度で叶えられるようになった。昨今、親になることへの欲望の主体は、男女カップルに限定されなくなってきている。シングルの人々や、LGBTの人々による家族形成が「第三者」によって行われるようになって久しい。ジェンダー平等や多様な家族を支持する立場から、異性愛カップル以外の人々にも「第三者」による家族形成を正式に認めるべきであるという権利主張の声が強くなってきている。平等という原則からすれば、「第三者」へのアクセスをヘテロカップルに限定するのを正当化することは難しくなってきている。

生殖ビジネスと、家族形成の平等原則との共犯関係によって、「第三者」によって出生する人が、今後ますます増加することが見込まれる。世界中で、親の会など当事者グループが作られ、当事者同士での情報交換のみならず、外部社会に対しても、親たちが積極的に発言するようになってきている。一方、「第三者」によって出生した人々による発信は、冒頭の引用のように、「第三者」に対する問題提起や、出自を知る権利を巡ってなされる主張以外では、まれである。とりわけ、卵子提供や体外受精型の代理出産は歴史が浅く、自らの意思で語る当事者を探すのは難しい。何らかの語りが得られたとしても、未成年の場合もあり、その語りは、親の強い影響下にあることが想定される。「第三者」をめぐる当事者の語りには、このような非対称性やバイアスが強く働いている。さらに、生殖ビジネスの側は、実際にサービスを利用して親になった人々にイベントでの発言の機会を与え、それを新たな顧客の獲得に結びつけるという循環を推進している。子どもの語りもまた、そこには動員されている。生殖ビジネスは、親の権利を強力にサポートするアクターであるといえる。「第三者」を通して、家族の新旧を論じたり、親に対しテリングを熱心に進める研究者や専門家もまた、一つのアクターであるといえる。

本稿では、「第三者」を利用した家族形成をめぐって、親と子どもの立場の相違や語り、これらの背景に張り巡らされたポリティクスを明らかにしたい。前半では、テリングをめぐる言説を取り上げる。現在、テリングは「子どものため」に必須の、倫理的、政治的に正しい行いだとされている。後半では、LGBTによる家族形成として、代理出産で親になったゲイカップル（と子ども）について取り上げる。ゲイカップルの代理出産は、もっとも技術志向が強く、標準的とされる家族像からの距離が遠いことから、マイノリティ性が高いと考えられる。

2. 生殖技術によって形成される〝多様な家族〟とは

「第三者」による出生者の苦悩はどこから来るのか。その一つは、「普通の家族」と異なっていることから来ていると考えられている。「普通の家族」とは、「父親」と「母親」が一人ずついて、その間に生まれた子どもから成る核家族のことである。言い換えれば、十九世紀以降の産業化や公私の分離によって生じた近代家族のことである。近代家族は、性別役分業やロマンティックラブ・イデオロギー、子ども中心主義などによって特徴づけられる。(3)「愛＝性＝生殖」というのが近代家族の三位一体である。(4)

近代家族（＝核家族）が浸透し、それが「普通の家族」として規範化されたとき、核家族の閉鎖性や、女性に対する抑圧性が意識化されるようなった。〝多様な家族〟は、近代家族に対するオルタナティブやアンチテーゼとして位置付けられる。それは、具体的には、近代家族にあてはまらない家族のことであり、非嫡出子や子どもを持たない夫婦、セクシュアル・マイノリティの家族、パートナーシップやひとり親家庭、ステップファミリー、事実婚カップルなどが挙げられ、生殖技術によって形成される家族もまた〝多様な家族〟の一つとして言及される（大塚 2020）。

「愛＝性＝生殖」では、親子は遺伝的に繋がっているのが〝ノーマル〟であるが、養子や「第三者」では、「生みの親」と「育ての親」が異なる。その場合、現に子育てが行われている家族の〈外部〉に、「生みの親」が、「本当の母親」や「本当の父親」として現れる可能性がある。こうした想定は、育ての親を脅かす。しかし、文化人類学者の出口顯氏は、国際養子の研究から、子どもは、生みの親に興味を持つとは限らない、と指摘する。「養子はルーツに強い関心があり生物学的親を探さずにはいられないという思い込みがある。……（略）……出身国の記憶もないほど幼い頃スウェーデンに養子に来て、日々の生活の中で自らをスウェーデン人と考えている養子たちは、なるほど出身国に興味がありいつかは訪れてみたいと思わないわけではないにせよ、その関心は生みの母を捜さずにはいられないという衝動にむすびつくとは限らない」（途中略は筆者）（出口 2015: 123）

出自を探索する行動は、養子になった人だけでなく、「第三者」から生まれた人にも見られ、それは一般に、強い欲求だと考えられている。しかし、実際に国際養子になった人にインタビューをした出口氏によれば、必ずしもそうではないという。我々の多くは、血縁や遺伝に（不当なほどに）重要な位置を与え、それを養子である当事者に投影しているだけだということになる。(5)

人間は、本能的に生みの親や遺伝的親を求めるものだという想定は、血縁・遺伝子本質主義に基づいており、それが幻想であるという指摘自体は、おそらく正しいし、筆者も賛同する。養子や生殖技術によって形成される多様な家族は、石原理氏が「このような多様な家族のすがたを見ると、わたしたちの多くがこれまで大きな価値をおいてきた『遺伝子を引き継ぐ』という目標の重大性を、より容易に相対化できるのではないでしょうか。」（石原 2010: 115）と述べるように、遺伝的つながりを相対化する視点を示してくれる、格好の題材である。とはいえ、「第三者」によって出生し、自分の出自に深く悩む当事者は現に存在しており、彼らの苦悩に対して、「遺伝子本質主義」という指摘はほとんど役に立たないのもまた事実である。

「第三者」を利用して家族を形成した場合、「生みの親」と「育ての親」が分離するだけでなく、女親が「産みの親」・「遺伝上の親」・「育ての親」に分離する。(6) このように、「第三者」を利用して家族を形成した時、親が複数化したように見える現象が生じる。「第三者」は、既存の親子や夫婦関係を複雑にするとして否定的に言及されることがある。しかし、文化人類学者の上杉富之氏によれば、「父親」と「母親」が一人という概念は、近代家族に拘束された考え方である。父親や母親が複数化する「多元的親子関係」は、文化人類学における親族研究を紐解けば、前近代に似通った例をいくらでも指摘できるという。(7) つまり、生殖技術で形成された家族が、一見、「普通の家族」と異なるように見えるからといって、過度に特別視すべきではないということになるだろう。

この見解は、「第三者」によって形成される家族をノーマライズしようとするものであるといえる。「普通の家族」が存在することで、そこから外れた家族にはスティグマが付与される。したがって、そのような「普通の家族」を脱中心化することで、多様な家族への差別視には根拠がないものだということを我々に教えてくれる。「第三者」によって出生した当事者の苦悩もまた、相対化されうる。ただ、そうはいっても、「普通の家族」は当事者にもしっかりと内面化されている。そこからの逸脱と思える現象がまさに当事者を苦しめているという側面が存在し、苦悩からの脱却を難しくしている。

法学者の水野紀子氏は、「普通の家族」こそ、これから生まれてくる子どもにとって参照点として重要であるとの立場に立つ。「自分の親が誰かわからないという苦悩を抱え込んでしまう子どもを、親の希望のみによってこの世に強引に『拉致』するのは控えるべき」であると主張する（水野 2014: 37）。「第三者」を利用してまで親になりたい大人の都合を最優先することに反対している。多様な家族を認めていこうという立場からみると、極めて保守的に見えるが、標準的な家族像からのズレが子どもの心の傷になるリスク（無論、あくまでも可能性）を認識したうえでの発言である。「第三者」は多様な家族を意図的に作り出すことになるため、「第三者」に対して慎重になるべきであるという立場には一定の説得力がある。

3. 家族の多様性の裏側

「第三者」の登場によって、誰もが親になる可能性を追求できるようになった。「第三者」を考える時、商業化というファクターは重要である。一般に、卵子ドナーや代理母になる女性を無償で確保することは容易ではなく、金銭の支払いが生じる。代理母などを安価で調達するため、経済格差のある国々へ渡航して「第三者」を利用する依頼者もいる。こうしたビジネスの拡がりに対しては、倫理的な疑惑がつきまとっている。(8)

生殖ビジネスでは、多額の金銭が動く。医師、エージェント、法律家、カウンセラーなど多数の専門職が関わり、そこから報酬を得ている。生殖ビジネスの存在は、「第三者」による家族形成を強力に推進するアクターとなっている。

こうした、子づくりのためのテクノロジーやビジネスが発達してきた背景には、新たな生命が誕生することは、（その生命が健康であるかぎり）無条件で喜ばしいことだとする、プロナタリズムの考え方がある。プロナタリズムの考え方は人々の基本的な価値観を形作っており、ビジネスにとっては追い風となっている。ビジネスを提供する側からは、「第三者」は生命のギフトであると美化され、新たな生命の誕生を祝福する雰囲気が容易に醸成される。

「第三者」は子どもが欲しい、という親の側の強烈な自己実現欲求に支えられている。家族を持つことは親の人生に成長と喜びをもたらすと考えられている。生殖補助医療によって子どもを得るまでのプロセスは、〝旅〟（journey）と形容され、子どもをもつための努力は、時間的・経済的投資に値すると捉えられている。

「第三者」を利用できるのは、支払い能力がある、主にミドルクラス以上の人々に限定されている。「第三者」で親になった同性カップルなどのなかには、SNSやウェブサイトで、幸福な家族生活を積極的に発信する人々も目立ち始めている。「第三者」による家族形成は、それを利用できる社会階層であることの表示にもなり、意思と能力によって選択できる「自由なライフスタイル」の一つとなっている。

一方、子どもの側は親の選択の結果を、自らの存在で受け止め、自分の存在と切り離すことができないという非対称が存在する。子どもは、常に親によって与えられた条件を出発点として自らの人生を構築していかなければならない。そのことは、「第三者」に限った話ではない。しかし、遺伝や血縁は、身体性に直結している。[9] このことは、子どもは、その事実から簡単には逃れられないということを意味するのではないだろうか。[10] さらに、「第三者」を倫理的に疑問視する声は依然として存在しており、世間で流通している言説には、生まれてきた人の存在を否定しかねないものもある。[11] 子どもは、こうした批判を自らの存在で受け止めなければならない立場に置かれる。[12]

親もまた、「第三者」に対する世間の偏見と闘っている。そして、自分の選択を正当化する必要に迫られているのだが、そのために最も有効な方法は、子どもが自分の出自を気にかけることなく、健康で周囲から愛され、幸福に育っていることを示すことである。仮に、子どもが出自を思い悩むようなことがあれば、それは親としての失敗を意味する。ゆえに親は、「第三者」で生まれた子どもの苦悩を理解することができない。[13] 「第三者」という技術を考えるとき、「第三者を利用した人」と「それによって出生させられた人」の間には深い溝があるように思われる。

４．「出自を知る権利」は、子の最善の利益か？

（１）子どもにとってのテリング

出自を知る権利は、「第三者」から生まれた人やその周辺から、強力に主張されている。テリングは、「子どものため」であるとされる。しかし、テリングは子どもにとって最善の利益といえるのだろうか？　冒頭に引用した当事者の証言をみれば、やや疑問符がつく。この当事者は、「第三者」は、根本的に子の利益に反する、というラディカルな主張をしている。同様の主張は、日本の当事者からも挙がっている。

二〇一〇年三月に、研究者やＤＩで親になった人などによって「第三者の関わる生殖技術について考える会」の立ち上げ集会が行われた。パンフレットのタイトルは『第三者の関わる生殖技術にSTOP!!』であった。また、ＤＩで出生した日本の当事者のひとりである石塚氏は二〇一四年に出版された書籍『ＡＩＤで生まれるということ』で、「出自を知る権利が認められても違和感は消えない」とはっきりと述べている。

編集部：最近海外では、最初から出自を知る権利を認めて、小さい頃から告知もして、というふうになっているそうですが、それでもやはりそう思いますか。

石　塚：たぶん、そうなっても今言ったみたいな感覚は消えないですよね。違和感があるのなら、それを生じさせないでほしい。

（非配偶者間人工授精で生まれた人の自助グループ［DOG: DI Offspring Group］・長沖 2014: 151）

しかし、石塚氏は、別の場所で「出自を知る権利の保障なしに、この技術を認めるのは反対だ」（毎日新聞 2014/4/30）と語っており、この部分について「知る権利を保障すれば賛成だ」とも誤読されかねない、と指摘する声がある（竹家 2015）。

「第三者」からの出生者による語りは、多様性があって当然である。[14] しかし、社会に向けて提示されるとき、そのような多様性は自ずと捨象され、人々にとって理解しやすく、都合がよい形に成型されていくことになりがちである。

例えば、親からみて、「第三者」を実施すべきではない、禁止すべきという主張は受け入れがたいものである。そこからみると、実施することを前提にテリングを受け入れることはよい妥協点である。また、出生者にとっても、「禁止すべき」と主張することで、当事者の声が完全に無視されてしまうよりは、次善の策として、テリングを行うという条件を課したうえで黙認する姿勢を示すことが好ましいだろう。現に「第三者」は世界中で行われており、阻止することは難しいという現状認識もあるかもしれない。さらに言えば、すでに出生している人にとって、これから禁止しても自身がそれによって出生した事実は変えられないし、禁止の事実が自身の存在を否定することにもなりかねない。

現に遺伝的親を探している当事者にとっては、ドナー情報の開示（＝出自を知る権利）を全面に押し出すほうが好都合である。その結果、現在のようなテリングに関する支配的なストーリーが成立したと考えられる。

(2) 親にとってのテリング

世界中で精子提供が行われるようになって数十年が経ち、成人した出生者によって問題提起がなされたことは、関係者に大きな衝撃を与えた。かつては「子どものため」に秘密にすることが最善の方法だとされてきたが、半世紀もたたないうちに、百八十度の方向転換が行われた[15]。現在は、援助職、研究者、そして過去には秘密を推奨したはずの医師ですら、親を取り巻く全ての人々が「子どものため」と称してテリングを推奨している。

現在、テリングは模範的な親のすることだとされている。依頼親は、「第三者」に成功して親になった暁には、そのような言説にどう対峙するかが求められる。ここでは、親にとってのテリングには、(a) 倫理的望ましさ、(b) 愛情表現と自己防衛、(c) 家族の境界線の維持、(d) 自己承認、という意味があることを論じる。

(a) 倫理的望ましさ

テリングは、遺伝的関係がないことを明らかにした上で、嘘のない真実の親子関係を築くことを意味し、倫理的に望ましいとされる。一方で、親にとってテリングは、躊躇や恐れを抱かせるものである。テリングを敢行することで、子どもに「本当の親は他にいる」などと思わせてしまう可能性があるからである。できるだけ後回しにしたい、できれば黙っていたいという気持ちが生じる。種々のアンケート調査から、異性愛カップルにおいて、テリングは後回しにされ、または、（期待されるほどには）実行されていないのではないかという推測が成り立つ。

例えば、スペイン、イタリア、オランダ、イギリスに住む四〜八歳の子どもを持つＤＩ家族（男女カップル百十一組）に対して行われた研究では、（まだ）誰も告知していなかった（Golombok et al. 1996）。同じグループへの追跡調査で、八・六パーセントがその後、告知した（Golombol et al. 2002）。子どもが十八歳時の調査では、新たに告知したと報告した家族はなかった（Golombok et al. 2009）。つまり、子どもが成人するまでに告知したのは、八・六パーセントにすぎなかった[16]。

テリングを巡ってなされたアンケート調査に対する親の回答には、社会的望ましさのバイアスが働いていることがわかる[17]。テリングは、「子どものため」に望ましい、倫理的に正しい行いとして、親に強いプレッシャーを与えている可能性がある。

（b）愛情表現と自己防衛

テリングは早ければ早いほど良いということが通説になっている。あとになればなるほど、真実がわかった時、子どもは強い衝撃を受け、親子関係にヒビが入る。自宅でできる遺伝子検査の普及などもあり、後年、何かのきっかけで子どもに真実が知られてしまうリスクは思いのほか高い。あらかじめ伝えておくことで、子どもから非難される可能性を排除しておくことができるのである。このように、テリングには親の自己防衛の意味がある[18]。

一方、テリングには愛情表現としての意味が込められている。親は、いかに子どもを熱望していたか、生まれてきてくれて嬉しかったかというストーリーを繰り返し子どもに語りかけることが推奨される。子どもは、自分が一般的な生殖とは異なる方法で生まれてきたことを知るだけでなく、そうであるが故に、親から特別な愛情を受ける存在（＝自分は「特別な存在」）だと理解するようになる。親は、テリングを通して愛情表現をすることで、遺伝的つながりがなくとも家族であるというメッセージを子どもに送ることができる。そして、それに成功すれば、差別や偏見がはびこる外部社会に対する家族の結束を強めることもできる。

（c）家族の境界線の維持

テリングの中では、ドナーや代理母の存在が明かされるが、彼らは、精子や卵をくれたり、お腹を貸してくれた親切な人、などと言及される。テリングの中で、ドナーや代理母が、「父親」や「母親」として言及されることはまずない。テリングをせず、後になって事実が発覚した場合は、ドナーや代理母は「本当の親」として子どもの前に現れる可能性があるが、先んじてテリングを行うことによってこのような事態を防ぎ、ドナーや代理母をあくまでも自分たち家族の〈外部〉に位置づけることができる。その結果、たとえドナーや代理母との交流が行われたとしても、家族の境界が揺るがされる心配はなくなる。

(d) 自己承認

「第三者」が社会に導入されて数十年がたち、社会的にも少しずつ可視化されてきた。世界各地で、親の会や自助グループが形成され、ミーティングが行われるようになっている。そこでは、テリングが当然のように推奨され、話題の中心になりがちである。テリングをしない親は、こうしたグループに参加しづらく、参加しても発言の機会が少ないだろう。逆に、テリングをするつもりだと公言したり、実際にテリングした親はそれだけで発言力が高まるし、集団内でリーダー的な役割を担うこともできるかもしれない。このように考えるなら、テリングは、子どもにとって必要であるだけでなく、親の自己承認の要求とも結びつきやすいことがわかる。

テリングを実践した成果を、子どもの証言によって示そうとする親もいる。

(例1)「卵子提供から生まれた子どもへのインタビュー」[19]

母親　もう何万回も聞かれていると思うけど、卵子提供で生まれたことを知った時のことを教えて?

息子　聞いた時のことはもう覚えていない。気が付いたら既に知っていたという感じ。

母親　ドナーから生まれたことをどう思っているの?

息子　ぜんぜんなんとも思っていない。

母親　ドナーを探したときのこと教えてくれる?

息子　ドナーに興味を持ったので、母がクリニックに手紙を書いてくれた。それで、卵子ドナーのJenniferと晩御飯を食べたんだ。

母親　彼女のことをどう思っているの？　もしドナーに会えなかったら、どう思った？

息子　好きさ。もし知ることができなかったらとても困っていたと思う。打ちひしがれるとか、悲しみにくれるというほどではないけどね。

息子　これを見ている人がどんな人でどんな親かは知らないけど、子供には早く伝えて、大きな問題にはしないこと。卵子提供で生まれたということは大した問題ではない。もし今そんなことを言われたらたぶん面食らってしまうと思う。でも養子と同じことかな。養子の子どもが後で知ったとしたら、やっぱり大きなショックを受けるだろうと思う。だからオープンにすべきだと思う。

母親　そうね。いつも家で話していたわね。奇抜なことにしなければ、子どもも奇抜なことだとは考えない。

息子　そうだ、だからそんなに驚かないよ。

母親が自分の息子にビデオカメラを向けながら質問をしている（母親自身は映っていない）。息子は母親からテリングを受け、卵子ドナーにも会っている。「もう何万回も聞かれていると思うけど」と前置きしながら、質問を繰り出す母親に対し、息子は淡々と受け答えしている。卵子提供で生まれたことの感想を求める母親に対し、「何とも思ってない」とだけ答える彼の心情を、どのように解釈できるだろうか。

（例2）「卵子提供で生まれた娘と母親の会話——telling をめぐって」[20]

母親　早く子どもに伝えることはメリットがあると思う。後から悪い状況の中で知らされることを心配しなくていい。早く伝えることで子どもはそのことについて十分に考えているので、他人から何か言われても動じなくて済むから。

娘　自分も早く教えてもらえばメリットが大きいと思う。アイデンティティがちゃんとするし、友だちから何か言われても、自分は両親からどれほど望まれてきたかを知っているし。何度も失敗してやっと授かった、自分は特別な存在なのだと知っている。

娘　ドナーに興味はある。でも彼女は私が生まれるのを助けただけで、会いたいと思ったことはない。ママはママだし、ドナーは私の人生の中で謎だけれど、この世に生まれてくるのを助けてくれた人で、ドナーは誰かを知りたいわけではないし、それで自分は問題ない。

母親はゆったりと身体を深く椅子に沈め、リラックスした様子で娘との会話を楽しみ、娘の成長に満足しているかのようである（写真）。娘は、ドナーに興味はあるが、会わなくても問題はないとアンビバレントな気持ちを吐露している。実際、この母親は匿名ドナーを依頼しており、娘が会いたいと願ってもそれは叶わないのである。

5. ゲイカップルの親

生殖補助医療を用いて家族を形成することは、ＬＧＢＴの権利の一種と考えられるようになってきており、"Procreative Consciousness"（Berkowitz 2007）と呼ばれる一種の子づくりブームのような風潮が生まれ、生殖ビジネスにとっては追い風となっている。代理出産を提供する側から見ると、ゲイカップルは不妊の経験がなく、不妊に関連した心理的な困難を抱えていない。さらに、ゲイカップルは代理母に加えて卵子ドナーをも必要とするため、魅力的な顧客である（Jacobson 2018）。生殖ビジネスにおいて、"Gay Surrogacy"と呼ばれるような、ゲイカップルをターゲットとする商活動が活発化しており、ゲイフレンドリーを標榜するエージェントが軒を並べている。

ゲイカップルによる家族形成は、通常、卵子ドナーと代理母の双方を必要とする。このことは、自然生殖からの逸脱が大きいことを意味する。子どもの遺伝的親はどちらか一方しかなれない。それぞれの精子を用いて複数の受精卵をつくり、交互に遺伝的父親になったり、どちらが遺伝的父親になるかを偶然に任せるために（"Intentional Unknowing"）、二人の精子をまぜて受精させることもある（Murphy 2016）。また、親族の女性に卵子ドナーや代理母を依頼することもある。無事、代理出産に成功した暁には、男親二人による子育てが行われる。それは、子育ては母親がするものだという社会通念に反している。これは母性神話と結びついた強固な観念からの逸脱である。こうした複数の観点から、代理出産で親になったゲイカップルは、マイノリティ性が高いと考えられる。

ゲイカップルの依頼親は、一般に経済的余裕があり、高い教育を受けている人も多いだろう。代理出産の意思決定に至るまでの間に、十分な情報収集を行い、また専門のカウンセリングを受けるなどして準備をしているのが普通である。概して、子どもは親の注意深い配慮のもとで育てられる。テリングは不可欠であり、それは十分に計画されたものになる。子どもは「ママはどこ?」「ママがいないのはなぜ?」とまだ幼い時期から、訊いてくるだろう。それに対し、代理母や卵子ドナーはいるが、彼女たちは「母親」ではなく、自分たち家族に「母親」はいない、と説明がなされる。子どもを産んでくれた親切な女性として、代理母の存在は公にされ、しばしば交流も行われる。その一方、卵子ドナーは匿名であることも多く、交流の機会はより少ない（Carone et al. 2018; Blake et al. 2016）。また、父親二人のうち、どちらが遺伝的父親かということは、センシティブな問題であり（Deborah 2013）、とりわけ外部の人間に対しては秘匿される。テリングの結果、子どもは、父親が二人という家族構成が当たり前の環境の中で育つ。

一般に、ゲイカップルの家族が住む地域や学校はリベラルな環境が選ばれる。しかし、それでも学校や地域社会との接触は、さまざまなチャレンジを子どもにもたらす。ゲイカップルの親がいることは、子ども同士のからかいやいじめに発展することもあるだろう。また、悪意はなくとも、子どもは、他の子どもから繰り返し発せられる素朴な疑問を通して、自分の家族は、普通の家族と異なっていることを強烈に意識させられることになる。(21)

一方、ゲイカップルの親は、ゲイであるというセクシュアリティや、代理出産で親になったということ、男親が子育てをしているということなど、複数のマイノリティ性を抱えており、これらに由来するさまざまな偏見や差別と闘っている。

こうした状況に置かれたゲイカップルの親のためのサポート・グループが存在する。Gays With Kids, Gay Dad Australia, Men Having Babies など、強固なミュニティが存在しており、手厚いサポートが提供されている。クリニックやエージェント、法律家、カウンセラーなどと連携しており、代理出産の意思決定から子育てまで一貫したサポートが受けられる。定期的にセミナーが開催されており、実際のユーザーの声や代理母、卵子ドナー、子どもたちの経験談を聞くことができる。セミナーに参加することで、代理出産で子どもを持った後の生活を具体的にイメージできる。

このようなエージェント連携型のサポート・グループの存在は、Gay Surrogacy に特有のものではない。ゲイで子どもを持つ・育てるということは、必然的にカミングアウトを意味する。その結果、ゲイカップルの親が抱えがちな特有の問題があり、Gay Surrogacy のためのサポートグループは、ゲイカップルの親による権利擁護という運動的性格を帯びやすい。彼らの活動や、そこでなされる語りは、社会に対する効果を意識したものになる。

最も有力なサポートグループである Men Having Babies のカンファレンスにおける、十代の子どもたちによる証言を見てみよう。メインの聴衆は、代理出産でこれから子どもを持とうとするゲイカップル、または既に子どもを持ったゲイカップルである。カンファレンスでの子どもたちの発言に対して、笑いや拍手などで聴衆は答える。登壇者と聴衆の間には、活発な相互コミュニケーションがある。

以下は、二〇一八年のフロリダで行われたTeen Panelでの質問と回答の一部である。[22] 司会者からの質問としては、①いつどのようにそのことを知ったか？ ②代理母（卵子ドナー）に会ったことがあるか？ ③友達にどのように説明している？ ④学校の先生などには話す？ どのように？ ⑤学校行事や授業で母の日はどうしている？ ⑥ネガティブな反応はある？ どう対処した？ ⑦女性特有の問題について（生理・ブラジャー等）、その時、母親が必要か？ ⑧Gay Dadsへのアドバイスはありますか？ ⑨友達の親から、自分と友達になるなとか言われることはあった？ ⑩どちらが遺伝的父親なの？ と聞かれる？

ここで、子どもたちの回答の全てを紹介することはできないが、代理母と卵子ドナーとの関係性について述べた部分を挙げると、以下のようになる。

Elenor（十七歳） 生まれてこのかた、代理母に会ったことはないし、特別つながりを感じない。他の子どもたちが代理母と親しくしていたりするのは知っている。でも私の場合はそうではない。もし私と代理母が望めば、面会できる。だから私にとってそれは特別重要なことではないということ。今のところは。卵子ドナーは、叔母なので親しい関係。でも、ただのおばさんというだけ。継母とか半分のお母さん

（half mom）とかそんな感じではない。家族の集まりで彼女をよく見るけど、他のおばさんと同じで特別なことはない。

Maddy（十三歳）　卵子ドナーとも代理母とも会ったことない。代理母が誰か知らない。代理母を知りたいとか急ぐ必要はないと思っている。ただ卵子ドナーについては、彼女には家族がいるので、私には会いたいとは思っていないのではないかと思う。私にとって大きな問題ではない。二人の父親がいて、私のことを愛してくれている。彼女は私の人生の一部ではないし、もしそうだったとしても、何か違うわけではない。

Chloe（十三歳）　親がFacebookで友人なので代理母を知っているけど、会ったことはない、座ってちゃんと話したことはない。そうしたいとも思っていない。そんな願望がない。卵子ドナーとも会っていないけど、自分はそれで問題ない。

Adele（十五歳）　卵子ドナーとは関係がないけど、カナダ

（左から）司会者、Elenor（17歳）、Maddy（13歳）、Chloe（13歳）、Adele（15歳）

にいる代理母とは会っている。家族ぐるみで付き合いがあって、年に一回は会う。代理母の家族とも友達のように付き合っている。自分の誕生日には代理母に感謝を伝える。自分たち家族にとってかけがえのない存在。卵子ドナーは、もし会ったら感謝を伝えたい。でも母親のように思っているから会いたいわけではない。ただお礼を言いたい。もし遺伝的な問題があるならそれについて知りたいけど、すでにドナーの病歴など医療情報はもらっているので、ドナーを知らないままで問題ない。

卵子ドナーを知っているのは、ドナーが親族女性であったElenorだけである。代理母を知っているのは、Chloe と Adele だが、活発に交流しているのは Adele だけである。これらの子どもたちの代表性が問題になるが、カンファレンスのコンテクストに即した、無難な、あるいは模範的な語りであると解釈できる。ここから伺えるのは、父親二人と子どもで構成される家族の境界線は、明瞭に引かれているということである。卵子ドナーや代理母に対して特別親密な感情は持っていないことが示されている。こうした、ゲイカップルの父親を持つ子どもたちの語りからは、遺伝的なつながりは相対化されうるという解釈も可能である。しかし、一方では、彼女たちはまだ十代と若く、父親二人の精神的・経済的サポートなしに生きていくことは難しい。そのことが卵子ドナーや代理母への相対的な無関心を招いているのかもしれないという解釈も可能である。

6．むすび――「第三者」からの出生者の苦悩が解消されるとき

社会学者のベックは、国際的な生殖医療の利用が普通のこととなり、子どもたちの出自をめぐる問いは複雑さを増していくと述べる。それは、ナショナルな標準家族に対し、グローバルなパッチワーク家族が増殖していくということである。ベックは、「家族的および文化的な出自を知りたいと思う気持ちが、人間にとって歴史を超越した基本的要求なのかどうか、というものだ。あるいは、出自についての問いがもはや何の意味も持たない時代というのはありうるのかどうか。」と問いかける。そして、ベックは、次のように問いを重ねていく。

「それに関して思考実験をしてみよう。精子や卵細胞の提供による妊娠が、ますます普通のことになったと仮定してみよう。その場合、そのようにして作られた子どもは、相変わらずどの人物がこの生物学的原料と結びつけられるのかを知りたいと思うだろうか。あるいは、その種の知りたいという欲求は、何世紀か後には人間に縁遠いもの、エキゾチックなものに映るのだろうか」（ベック 2014: 254）

これに対して筆者なりに答え、むすびとしたい。今後、「第三者」による家族形成は、確実に、多

様な家族の一角を占めるようになるだろう。しかし、多様な家族がかなりの程度、普及したとしても、「普通の家族」という規範は残りつづけ、「あるべき家族＝典型的家族」と「それ以外（の形態）の家族」という主従関係は残りつづけるのではないか。そして、両者は容易にはイコールで結ばれないと予想する。

もちろん、出口がないわけではない。体外受精や避妊技術によって、性と生殖が切り離されて久しい。人々は、人工生殖を受け入れることにもはや抵抗がなく、一部の人々は熱心に受け入れようとすらしている。人々は遺伝子工学により遺伝子を最適に造成され、人工子宮によって出生する。人間の生身の身体から生殖が完全に切り離されたとき。こうした生殖が大部分を占めるようになったとき。人々の出自をめぐる問いや探究は劇的な変化を被るだろうか？　その答えは「変化しうる」。デザイナー・ベビーが主要な生殖方式となる遠い将来に、そのような社会を「構想してみる」ことはできる。それまでの長い道のりの間、「第三者」による家族形成はマイノリティとしての位置を甘受しなければならない。精子提供が秘密裏に実施されてから、数十年が経ち、成人した「第三者」による多くの出生者が、ブログやウェブサイトを立ち上げて、自らの意思で語っている。それらの中には苦悩を抱えている人もいる。そうした当事者の苦悩は、時代遅れのものとみなされるべきできない。現在でも「第三者」は（同意のない）社会実験であることに変わりはない。

「第三者」が行われ続けるとすれば、最低限、出自を知る権利を、完全に・例外なく、保障することとは間違った方向性ではないと考える。それは必ずしも、遺伝子本質主義を意味しない。自己がどのように世界に招き入れられたのか、その物語において、全ての「大人＝親」は、キーパーソンであり、物語の主要な構成要素の一つである。しかしながら、日本でも出自を知る権利が重要であることは認められているにもかかわらず[23]、法制度の構築は、先送りにされた[24]。世界では、「第三者」の商業化は加速しており、親の都合や権利ばかりが優先されていると批判されても致し方のない状況が続いている。

注

（1）FULL AUDIO-Presentation UN 19 Nov 2019-Donor Conceived and Surrogacy Born Person.（https://www.youtube.com/watch?v FHeqi-Gyz0c）（2022/03/19アクセス）、「国連でのスピーチ――ドナーからの出生者の声（2019, Genova）」（生殖テクノロジーとヘルスケアを考える研究会［忘備録］）（https://azuki0405.exblog.jp）（2022/03/19アクセス）。

（2）一七九〇年、米国で世界初の非配偶者間人工授精が妻の同意なく行われた。日本では、一九四八年に慶応病院で行われた精子提供により、子どもが誕生した。一九八三年、米国で卵子提供による世界初の子どもが誕生した。一九八五年、米国で提供卵子を用いた代理出産による世界初の子どもが誕生した。

（3）ショーター（1987）は、近代家族の規範は、一．夫婦間の絆の規範としてロマンテックラブ・イデオロギー、二．母子間の絆の規範として母性イデオロギー、三．家族の集団性の規範として家庭イデオロギー、を挙げている。

（4）近代家族の核となるロマンティックラブ・イデオロギーは、「『一生に一度の恋に落ちた男女が結婚し、子どもを産み育て添い遂げる』、つまり愛と性と生殖が結婚を媒介とすることによって一体化されたもの」である（千田 2011: 16）。

（5）ただし、このインタビューは全く別の観点からの読みも可能である。「養子はルーツに強い関心があり生物学的親を探さずにはいられない」というのは、出口氏がいうように、まさにステレオタイプであり、「出身国には興味があっても産みの母には興味がない」というインフォーマントの語りは、まさにそうした典型化から距離をおきたいという当事者の心情が働いていることも推測できる。このように、当事者の語りには、インタビュアーとの関係や社会規範との間で、複雑な力学が働いていることにも留意する必要があるだろう。代理出産で生まれ、二人の父親（Gay Dads）に育てられている十代の女性は、〝自分のことを母親がいなくて可哀想と思っている人もいるが、自分は父親二人で満足しているし幸せだ〟という趣旨のことを語っている。MHB NYC 2018 Teen Panel: Surrogacy children of gay dads share their stories.（https://www.youtube.com/watch?v FKxvsx8MMu0）（2022/03/19アクセス）。

（6）「生みの親」と「育ての親」が異なる現象は、養子などの形で古くから見られたが、女親が、生物学上の母親（biological mother）と、遺伝上の母親（genetic mother）に分離したことは、体外受精によって人類に初めてもたらされた、全く新しい現象である。

（7）ハワイ先住民の間では一人の子が二つの家族に同時に帰属する独特の養子縁組の慣行（hanai）があった。人類学や民俗学などの分野では、擬制的親族関係として、名付け親や教父、仲人親、とりあげ親などの慣行が報告されてきた（上杉 2003, 2007）。

（8）インドやタイ、カンボジア、ジョージアやウクライナなどでさかんに行われ、「貧しい女性の搾取」との批判が浮上し、いくつかの市場は閉じた。禁止後は、アンダーグラウンドに沈んだが、規模は縮小されたもののビジネスは継続している（日比野 2022）。

（9）身体もまた、人々の観念のなかに存在するものだといえる。しかし、ここで遺伝子が実際に存在しているかどうかは重要ではない。

（10）ドナーから生まれたDamian Adams氏は、自分の顔半分がぼやけた写真を示すことで、ドナーがわからない苦悩を、自分の身体の半分がわからないことだと可視化する形で訴えている。Q&A: DAMIAN ADAMS. We are Donor Conceived.（https://www.wearedonorconceived.com/qa/damian-adams-qa/）（2022/03/19アクセス）。

（11）「商品とか、ブリーダーと呼ばれるのはうれしくない。だって私は商品じゃない。人間だ。それらはとてもネガティブな響きがある。だから人からそのように言われたら自分は最初に不利なレッテルを貼られてしまうことになる。いじめの原因にもなる」（代理出産で生まれた十代の子ども）「私たちは〝商品〟なの？——代理出産で生まれた子どもたちの声」（生殖テクノロジーとヘルスケアを考える研究会［忘備録］）（https://azuki0405.exblog.jp/23153521/）（2022/03/19アクセス）。

(12)「一番ネガティブな言葉は前の彼氏の母親から言われたこと。『あなたは生まれてくるべきでなかった』こんなひどいことを言われたのは今までなかった」（代理出産で生まれた十代の子ども）「私たちは〝商品〟なの？――代理出産で生まれた子どもたちの声」（生殖テクノロジーとヘルスケアを考える研究会［忘備録］）（https://azuki0405.exblog.jp/23153521/）（2022/03/19アクセス）。

(13)「第三者」から生まれた人が抱える苦悩の中には、自分の苦悩を親が理解してくれない、というものもある。「第三者」を選択した親は、当然ながら、自分自身が「第三者」によって生まれてきたわけではないだろう。

(14) 国内で、精子提供で生まれた人は一万人とも、三万人を超えるとも言われるが、実際に声を挙げているのは数人程度に過ぎない。その理由は、多くの当事者が、その事実を知らされていないことによるのかもしれないし、知っていてもその事実に強い違和感を覚えない人もいるだろう。このように、当事者の代表性には大きな疑問符がつく。海外の当事者についても同様のことがいえる。Penningsは、当事者の声は、自助グループなど特定のグループに所属している人たちのものであり、偏りがあると指摘している（Pennings 2017）。

(15) 一九八〇年代半ばまで、親は子どもに真実を伝えないようアドバイスされていた（Royal College of Obstetrics and Gynaecologists 1987）。HFEAのcode of practice（seventh edition）では二〇〇七年以降、子どもが小さい頃から告知することが推奨されている。Nuffield Council on Bioethics（2014）などもテリングを推奨。

(16) やや古いものになるが、日本で行われた調査もある。慶応大学病院でDIを受けて親になった男性一二〇名のうち、テリングを「必ずする」と答えたのがゼロパーセントであり、「できればしたい」と答えたのが一パーセント未満と、テリングに対して極めて消極的な態度が示されている（久慈ほか 2005, 2006）。

(17) 例えば、DIで一歳の子供を持ったイギリスの五十組の男女カップルに対して行われた調査では、四六パーセントが子どもにテリングするつもりだと答えた。子どもが三歳の時の追跡調査では、実際にテリングしていたのは五パーセントのみであった（Golombok 2004, 2006）。

(18) テリングを推奨する専門家らのアドバイスを実行すれば、子どもはそのことを肯定的に受け止めてくれるはずだという親の期待は常に達成されるとは限らない。告知されたことをきっかけに、出自について深く悩み、親にも家族にも相談できないでいる当事者もいる。テリングは万能ではない。

(19)「卵子提供から生まれた子どもへのインタビュー（Marna と Nick）」（生殖テクノロジーとヘルスケアを考える研究会〔忘備録〕）（https://azuki0405.exblog.jp/23859921/）（2022/03/19 アクセス）。現在、このインタビューは YouTube 上からは削除されており、参照できない。

(20)"Mommy, What's a Donor?" How to Talk to Your Egg Donor Child.（https://www.youtube.com/watch?v=pf3HowFSBDQ）（2022/03/19 アクセス）、「卵子提供で生まれた娘と母親の会話～ telling をめぐって～」（生殖テクノロジーとヘルスケアを考える研究会〔忘備録〕）（https://azuki0405.exblog.jp/23114631/）（2022/03/19 アクセス）。

(21)例えば、新しい友人ができるたびに次のような問答が繰り返されることになる。「新しい人と会ったらいつも、私にはパパが二人いると伝える。そうすると、なんでそんなことができるの？　ママが必要なんじゃない？　と聞いてくる。だから私はいつも自分がどうやって産まれてきたか、Elenor と同じ話をする。でも理解できない場合もあるみたい。それでも友達は友達。それでも受け入れられないというときには、そんなまずい状況は今までなかったけど、友達をやめるつもり」Children born via surrogacy to gay dads share their stories-Part1.（https://www.youtube.com/watch?v=EKi033hiPkE&t=171s）（2022/03/19 アクセス）、「代理出産で生まれた子どもたちの声 ── 父親はゲイカップル（その1）」（生殖テクノロジーとヘルスケアを考える研究会〔忘備録〕）（https://azuki0405.exblog.jp/23223409/）（2022/03/19 アクセス）

(22)2018 Florida Conference: Teen Panel: Surrogacy Daughters of Gay Dads.（https://www.youtube.com/watch?v=l0t32fFj3P8）（2022/03/19 アクセス）。

(23)厚生労働省審議会が二〇〇三年に審議した「精子・卵子・胚の提供等による生殖補助医療制度の整備に関する報告書」では、十五歳以上の子どもに対し、ドナーの氏名を含む個人情報の開示を認める案を提示している。

(24)二〇二〇年十二月「卵子・精子提供による子の親を定める民法改正案」が成立した。長年空白となっていた生殖補助医療を利用した場合の親子関係について民法規定が成立した。しかし、肝心の出自を知る権利については議論が先送りされた。

文献

Beck, Ulrich & Beck-Gernsheim, Elisabeth., 2011, *Fernliebe: Lebensformen im globalen Zeitalter,* Suhrkamp Verlag.（伊藤美登里訳　2014 『愛は遠く離れて――グローバル時代の「家族」のかたち』岩波書店）

Berkowitz, D., 2007, "A Sociohistorical Analysis of Gay Men's Procreative Consciousness," *Journal of GLBT Family Studies,* 3(2-3): 157–190.

Blake, L., Carone, N., Slutsky, J., Raffanello, E., Ehrhardt, AA. & Golombok, S., 2016, "Gay Father Surrogacy Families: Relationships with Surrogates and Egg Donors and Parental Disclosure of Children's Origins," *Fertility and Sterility,* 106(6): 1503–1509.

Carone, N., Baiocco, R., Manzi, D., Antoniucci, C., Caricato, V., Pagliarulo, E. & Lingiardi, V., 2018, "Surrogacy Families Headed by Gay Men: Relationships with Surrogates and Egg Donors, Father's Decisions over Disclosure and Children's Views on Their Surrogacy Origins", *Human Reproduction,* 33(2): 248–257.

Crawshaw, M., 2018, "Direct-to-Consumer DNA Testing: The Fallout for Individuals and Their Families Unexpectedly Learning of Their Donor Conception Origins," *Human Fertility,* 21(4): 225–228.

出口顕　2015 「越境する家族形成としての国際養子縁組――スウェーデンの事例を出発点として」『比較家族史研究』29(0): 113–128

Dempsey, D., 2013, "Surrogacy, Gay Male Couples and The Significance of Biogenetic Paternity," *New Genetics and Society,* 32(1): 37–53.

Golombok, S., Brewaeys, A., Cook, R., Giavazzi, M. T., Guerra, D., Mantovani, A., van Hall, E., Crosignani, P. G. & Dexeus. S., 1996, " The European Study of Assisted Reproduction Families: Family Functioning and Child Development," *Human Reproduction,* 11: 2324–2331.

———, Brewaeys, A., Giavazzi, M. T., Guerra, D., MacCallum, F. & Rust, J., 2002, "The European Study of Assisted Reproduction Families: The Transition to Adolescence," *Human Reproduction,* 17(3): 830–40.

———, Lycett, E., MacCallum, F., Jadva, V., Murray, C., Rust, J., Abdalla, H., Jenkins, J. & Margara, R., 2004, "Parenting Infants Conceived by Gamete Donation," *Journal of Family Psychology,* 18(3): 443-52.

———, Murray, C., Jadva, V., Lycett, E., MacCallum, F. & Rust, J., 2006, "Non-Genetic and Non-Gestational Parenthood: Consequences for Parent-Child Relationships and The Psychological Well-Being of Mothers, Fathers and Children at Age 3," *Human Reproduction,* 21: 1918-1924.

———, Owen, L., Blake, L., Murray, C. & Jadva, V., 2009, "Parent-Child Relationships and The Psychological Well-Being of 18-Year-Old Adolescents Conceived by in Vitro Fertilisation," *Human Fertility,* 12(2): 63-72.

Harper, J. C., Kennett, D. & Reisel, D., 2016, "The End of Donor Anonymity: How Genetic Testing Is Likely to Drive Anonymous Gamete Donation Out of Business," *Human Reproduction,* 31(6): 1135-40.

日比野由利　2022「アジアにおける代理出産――ツーリズムの拡大から廃止、そして法制度化へ」小浜正子・板橋暁子編『東アジアの家族とセクシュアリティ――規範と逸脱』京都大学出版会、185-213

非配偶者間人工授精で生まれた人の自助グループ（DOG: DI Offspring Group）・長沖暁子編　2014『ＡＩＤで生まれるということ――精子提供で生まれた子どもたちの声』萬書房

石原理　2010『生殖医療と家族のかたち――先進国スウェーデンの実践』平凡社

Jacobson, H., 2018, "A Limited Market: The Recruitment of Gay Men as Surrogacy Clients by The Infertility Industry in The USA," *Reproductive Biomedicine & Society Online,* 18(7): 14-23.

久慈直昭・水澤友利・吉田宏之・吉村泰典　2005「非配偶者間人工授精による不妊治療と家族」『産科と婦人科』19(9): 1241-1249

———・水澤友利・浜谷敏生・橋場剛士・浅田弘法・岩田壮吉・末岡浩・青木大輔・吉村泰典　2006「精子提供の匿名性に対する提供者の意識調査」『第51回日本生殖医学会総会・学術講演会』

水野紀子　2014「当事者の『願望』を叶えるのが法の役目ではない」『中央公論』129(4): 34-41

Murphy, D., 2016, *Gay Men Pursuing Parenthood Through Surrogacy: Reconfiguring Kinship,* University of New South Wales Press.

Nuffield Council on Bioethics, 2014, *Donor Conception: Ethical Aspect of Information Sharing*, 1-16.
大塚玲子　2020『ルポ 定形外家族――わたしの家は「ふつう」じゃない』SB新書
Pennings, G., 2012, "How to Kill Gamete Donation: Retrospective Legislation and Donor Anonymity," *Human Reproduction*, 27(10): 2881-5.
――――, 2017, "Disclosure of Donor Conception, Age of Disclosure and The Well-Being of Donor Offspring," *Human Reproduction*, 32(5): 969-973.
Royal College of Obstetricians and Gynaecologists, 1987, *Fertility Subcommitee Donor Insemination Survey 1984-85*, RCOG.
千田有紀　2011『日本型近代家族――どこから来てどこへ行くのか』勁草書房
Shorter, Edward, 1975, *The Making of the Modern Family*, Basic Books.（田中俊宏・岩橋誠一・見崎恵子・作道潤訳 1987『近代家族の形成』昭和堂）
竹家一美　2015「『アクター』としての非配偶者間人工授精（AID）児――新聞記事の分析を通して――」『年報社会学論集』28, 52-63
上杉富之　2003「現代生殖家族と「多元的親子関係」――人類学のパースペクティブ」『成城文藝』181: 110-95
――――　2007「多元的親子論の可能性――「生殖革命」時代の新たな親子関係」『日本常民文化紀要』26: 232-189

第4章　児童養護施設の日常生活と子どもの経験
――小学生男子の〈友人〉関係形成を例に

三品拓人

1．はじめに――児童養護施設で暮らす子どもが抱える問題と子どもの意思

（1）児童養護施設で暮らす子どもの日常生活とリアリティ

本書序章の野辺論考においては、「家族の個人化」からこぼれ落ちる子どもの保護の問題が指摘され、第1章の元森論考においては、福祉・教育分野において子どもの生存が論点になってきたことが論じられた。では、子どもの保護を目的とした施策は具体的にどのように進められているのだろうか。

児童福祉分野には社会的養護という制度がある。社会的養護とは、保護者の適切な養育を受けられない子どもを公的責任で社会的に保護養育するとともに、養育に困難を抱える家庭への支援を行う制

度である（児童福祉法三条の二）。

こうした社会的養護の一形態として児童養護施設がある。児童養護施設とは、「保護者のいない児童、虐待されている児童その他環境上養護を要する児童を入所させて、これを養護し、あわせて退所した者に対する相談その他の自立のための援助を行うことを目的とする施設」（児童福祉法第四一条）と定められている。児童養護施設には、何らかの事情を抱えながら保護された子どもたちが職員と暮らしている。施設で暮らす子どもたちは、親との離死別はもちろん、収監、病気、精神状態の悪化、貧困、虐待、ネグレクトなどで親からの養育を受けるのが困難な事情を抱えている。貧困を経験した子どもが少なくないという面では第1章の元森論考、親の不仲や離別を経験した子どももいるという面では第2章の野田論考とも通じる部分がある。

近年、社会的養護においては、施設養護中心から家庭養護中心へと政策転換し、子どもを保護する場として施設より家庭を優先すること、施設を「家庭的」にすることなどが「子どものため」であると議論されている。そのため、施設養護においては、施設を小規模化したり、職員との愛着関係を形成したり、子どもを家庭復帰させたりすることが今後の方向性として強調されている。また、従来から施設における子どもの養育においては、子どもの意思を重視すること、すなわち子どもの権利として子どもの意見表明権を保障することが重要であることも度々指摘されてきた（例えば、子どもアドボカシーとして）。

とはいえ、児童養護施設において、子どもは「子どもの意思」のみで生活しているわけではない。そもそも子どもの多くは施設に「来たくて来ているわけではない」[1]。子どもは施設に基本的には「措置」されてやってくる。ここで、措置とは子ども自身や保護者の意向ではなく、自治体の判断によって入所が決定することを意味する（場合によっては、入所した施設から他の場（里親、他の児童養護施設、場合によっては児童心理治療施設や児童自立支援施設）に移動する措置変更（伊藤 2017）もある）。

本章では従来「子どものため」に議論されてきた「施設か家庭か」あるいは「施設をより家庭的にする」といった問題設定や、子どもの権利として「子どもの意思」を尊重するという「スローガン」からは零れ落ちがちな子どもの人間関係に焦点をあて、施設で暮らす子どもの日常生活のリアリティの一面を明らかにする。

施設における子どもの日常生活に目を転じれば、家庭とは異なる生活の場でともに暮らす他の子どもたちとの関係も、それぞれの子どものウェルビーイングを向上させるうえで重要な要因であるだろう。さらに言えば、子どもは一日の多くは学校という空間で生きているため、学校における他の子どもたちとの関係も子どもにとっては重要であると予想される。

施設の生活に対する子どもの満足／不満足について、子どもへの直接のインタビューから検討した伊藤（2010）の調査によれば、子どもの語りは親子関係や職員との関係、施設内での子ども同士の関係に関するものが中心であった。しかし、「子どもの声」のなかには、施設内での人間関係だけではなく、学校での人間関係について意識した「声」もあった。例えば、伊藤は、建物としての大きさ、美しさについて「『友だちを呼べる』『自慢できる』など、施設外の友人関係を意識した文脈のなかでの語り」（伊藤 2010: 88）があることを指摘しており、すべての子どもによって語られたとされるお小遣いに関しても「『クラスメートよりも金額が多い』といった学校の友人関係を意識した語り」（伊藤 2009: 88）があることも明らかにされてきた。このように、子どもの声を調査する際の直接の主題とはされていないが、施設で暮らす子どもは少なからず学校における人間関係を意識していることもわかる。

(2) 子どもの人間関係形成に影響を及ぼす施設経験

本章では、子どもの施設での日常生活のリアリティを明らかにすることを通じて、近年論点となっている「子どもの意見表明」に考察を加えるが、その際に「施設を経験することの不利と人間関係」という論点に着目する。

先行研究では、児童養護施設出身者が退所後に人間関係を形成する際、さまざまな困難を抱くことが明らかにされてきた。特に、子どもが施設を出た後に人間関係を結ぶ際に困難が生じる要因については、大きく二つの問題群にまとめられる。

一つは、社会経済的な問題で、生活の流動性や不安定さといった経済的な脆弱性に起因する困難である。施設経験者には、流動的な生活を送ることによってそれまでの人間関係から切り離されてしまう脆弱性がある（久保原 2016）。とりわけ経済面で親に頼れないがゆえに、高校や大学では将来に備えてアルバイトに明け暮れることが多く、人間関係を維持しにくい面もある。

二つ目は、社会規範的な問題で、児童養護施設の入所経験と平均的な家族像から外れることに伴うスティグマに起因する困難である。児童養護施設に暮らす子どもの人間関係の構築の問題は、カミングアウトの問題としても注目されているが（久保原 2016; 内田 2011; 伊部 2015）、その背後には、児童養護施設入所に伴うスティグマがある。田中理絵はインタビュー調査から「『親がいない』というイメージに由来するスティグマ」（田中 2004: 123）の存在を明らかにしている。

とはいえ、スティグマを共有する子どもどうしが仲間意識を育むという側面も指摘されている。伊藤（2010）は、施設で暮らす子どもへインタビュー調査を行ったが、そこでは、境遇の類似や「みんな親と離れているんだという仲間意識」にもとづく「子どもどうしの連帯」が存在し、それは子どもにとっては施設経験のポジティブな面として感じられていたと指摘する。長瀬（2011）もまた、多くの友だちの存在が施設での集団生活の良さだという語りや、同じ施設から卒業した子どもどうしで連絡を取りあっているという語りに言及している。(2) 一方、内田（2011）の調査では、施設生活者であることが「バレている」地域の小学校に通っている間は安心感がある反面、中学校で校区が広がり、施設のことを知らない他校区の子と過ごすときに心理的な負担が増したという経験が語られていた。つまり、スティグマ作用を伴うがゆえに、子どもが施設での生活を隠したり、あえて主に施設の子どもどうしで仲良くしたりすることは、当人たちにとっては合理的な選択なのである。ただし、このように「施設入所児」であることに伴うスティグマが施設内の人間関係の形成を促進する反面、小学校では施設の子どもどうしが「かたまる」ことによって新たな関係が形成されないという問題も指摘されている（宇田 2019）。

本章でも、これらの先行研究と同様に、児童養護施設での子どもたちの日常生活を踏まえて、施設の子どもたちの施設内／外における人間関係の特徴を把握する。また本章では、子どもの人間関係を「種類も範囲も多様な関係」（Allan 1989 =1993）として質的に細かく捉えていく。なぜなら、見かけ上は同級生として「ヨコの関係」とみなされていても、ただの同級生か親密な関係性かの度合いは別である可能性があり、例えば「知り合い」「ただの友だち」「良い友だち」「親友」など、子どものつながりの「強さ」に焦点を当てた分類（Grant and Sleeter 1986）もあるものの、そうした尺度のみでは測れない質的な側面があると考えるからである。

子ども社会学の領域では、友人関係がもつさまざまな特性に点があてられるようになって久しい（Adler & Adler 1998=2017）。年齢や立場などの形式や友情の強度のみならず、例えば、『友情の社会学』が強調してきたような、関係性の質的な違いに依拠した検討は、友人関係に注目する子ども社会学領域にも少なからず貢献するはずである。以下の分析では、G.Allan（1989=1993）が提示した友情関係（friendship）・仲間関係（mate）という分類を援用したい（以下では、前者を〈友人〉、後者を〈仲間〉と表記する）。

まず、〈友人〉は、「自発的でインフォーマルな、個人的関係」と定義される、交際に関わる関係である。行動を共にすることで、一緒にときを過ごす。一方で、かなり長い時間をともに費やしながらも親しい〈友人〉と見ないこともある。〈友人〉の特徴の一つは、本質的に平等で自発的な関係であるということだ。〈友人〉には道具的な面と情緒的な面があるが、どちらの場合にも、バランスが保たれなければならない。例えば、つりあいよくさまざまな形のサービスを互いに提供し合ったり、自己についての私的情報を相互に開示したりすることが挙げられる。類似の社会的特徴をもつ人たちにはそうでない人たちよりも共通点があることから、結果的に似ている人どうしが〈友人〉になりやすい傾向にある。〈友人〉はグループの形をとる場合もあるが、他ならぬ友として認識されるときには、具体的な形はどうであれ二者間での関わり合いが通常である。

対する〈仲間〉は、狭い範囲に限定された特定の社会的文脈のなかでたまたま居合わせた当事者たちが、ともに活動することによって存立する関係だと捉えられている。交際それ自体は表向きの理由ではない。〈仲間〉は、文脈が連帯の所在を表す一つの手段であり、関係は何らかの形で続いていく。しかし、〈仲間〉が通用する領域をおし広げて、自分たちの生活の他の側面でも関わることを通じて関係を発展させていくことはない。〈仲間〉は〈友人〉と異なり、当事者間の関係に構造的な不均衡があっても維持される。〈仲間〉は二者間ではないため代替することもできる。

本章では、子どもの人間関係には上記のような多様性・多元性がある点に留意し、子どもが施設の仲間とは強い連帯感を持つ一方で、新たな人間関係の構築には困難を抱えてしまうメカニズムを検討していく。まず、施設の子どもが実際にはどのような子どもどうしの関係のなかで生きているのか、全体的な動向を観察に基づき記述する。そして、施設内での相互行為や施設の環境的要因によって子どもが〈友人〉を形成する機会が制限、規定されている可能性を事例から提示する。

2．子どもを取り巻く多様な人間関係の実態

（1）データの概要

調査対象地は、児童養護施設X（以下では、施設Xと記す）である。筆者は施設Xの小学生棟で非常勤職員として一年間の予備調査を行い、二〇一七年度より二〇二〇年度まで週に三日から五日間のフィールドワークを行った。そして、勤務終了後にフィールドノートを記述した。現在は、宿直と学習支援を行っている。施設での調査にあたっては、施設Xの施設長と事前に面談を行い、調査の協力のお願いをし、許可を得ている。また、当時の筆者の所属大学院の倫理委員会の承認を得ている。プライバシー保護の観点から、子どもの名前はすべて筆者が作成した仮名に置き換えている。ちなみに、児童養護施設について詳しくない読者が理解しやすいよう、フィールドノートからの引用は、もともとの意味内容を変えない範囲において、表現を一部変えている部分がある。

施設Xの敷地内には、男子棟や女子棟、小学生棟や小規模ホームなど複数の建物があり、二歳児から十八歳まで約八十人が生活している。男女比は、およそ女：男＝四・五：五・五である。小学生棟と呼ばれている建物の一階には幼児や小学一年生女子が生活しており、小学生男子は入浴や食事以外の時間をのぞき、主に二階で生活している。

調査の対象は、小学一年生から小学六年生の小学生男子十八人（二〇一八年から十五人）がともに生活する二階のフロアである。観察によって得られた子どもどうしの多様な人間関係を記述していく。

（2）多様な子どもどうしの関係

筆者が観察した範囲では、施設Xに暮らす小学生男子にとっての子どもどうしの人間関係には、少なくとも以下の七種類が見られた。

①施設で同じスポーツを行う子ども、②同室の子ども、③同じ担当職員によってケアされる単位（「ホーム」と呼ばれている）の子ども、④同学年の子ども、⑤中高生男子、⑥同地区の他の児童養護施設の子ども（きわめて少ない）、⑦学校で仲良くなる子ども、である。とはいえ、子どもの関係は常にこのいずれかに固定されているというわけではない。以下で見るように、小学生男子たちの人間関係はさまざまな文脈や原理の中で流動的なものである。

施設Xのグラウンドでは子どもどうしが、バスケットボールやサッカー、ときに野球などのスポーツに興じているが、それとはまた別に、施設Xにはフットサルや野球のチームもあり、そのための練習や試合などのイベントもまた、子どもどうしの交友を深める機会になっている。

施設Xの室内では、主に子どもはゲームをするために集まる。個々人が所有しているゲームの通信機能を用いて二人から六人くらいで遊ぶことが多いが、どのグループに入れてもらえず、一人でゲームをしている子どももいる。その一方で、かつてお互いに怪我をさせるほどの大ゲンカをしたり、普段からお互いにからかいあっているような一見折り合いが悪そうな二人であっても、一緒にゲームを楽しんでいたりする。

施設Xの居室（特に小学生たちのフロア）は、一室につき二人から五人までの定員となっており（現在では多くとも三人）、二十時を過ぎると、歯磨き指導を受け終わった子どもたちは、各自の部屋に戻る。そこからは各自の居室を出ないようにするというルールがあるため、就寝までの一時間近くを同室の子どもと遊んで過ごすことになる。子どもたちは漫画の絵を模写して互いに見せ合ったり、トランプ、将棋やオセロ、UNOやカードゲーム（デュエルカード）をするなど、部屋ごとでさまざまな遊びをしている。

施設Xには最低限の個人のプライバシーを守るために「他人の部屋には入らない」というルールがあるため、夜に限らず、また平日・休日問わず、同室の子どもどうしが自分の部屋で遊んでいる様子がしばしば見られる。同室の子どもたちは遊びのみならず、毎日特定の時間をともに過ごすことで他の関係よりも深いつながりを持っているようにも見える。例えば、部屋が同じためにものの貸し借りがよく行われるし、秘密の共有も珍しくない(3)。しかし、一年に一回部屋替えがあるため、毎年四月には同室者は異なったメンバーになる。

さらに、担当職員を同じくする「ホーム」という分け方がある。ホームは居室や学年とは関係なく構成され、ホームごとに担当職員がついており、食事や入浴をはじめ、ときには外出イベントも同じホームごとに行われることもある。同じホームであるということによって、個人的にとくに仲がいいというわけではないが、同室の場合とはまた別の子どもと共に行動する。ちなみに、小学生男子十八（現在は十五）人は、六人ずつ三つのホームに属している。

以上に示した関係には異年齢間の関係が含まれるが、施設Xにはもちろん同学年どうしの関係もある。例えば、同学年であれば授業が終わる時間が同じため、揃って下校してくることもある。また、学校の中で固まることもあれば、学校行事に一緒に参加することも多く、これらは特に低学年において顕著である。低学年の場合は自分たちが施設に帰ってきてから一時間ほどは他の学年の子どもたちがフロアにいないことが多い。

施設Xの男子小学生が居室のあるフロア以外の特定の子ども、つまり他のフロアの中学生・高校生の男子と過ごすこともある。その背景として、現在中高生の男子が小学生の頃は共に（同じフロアで）生活していたため、元々お互いに知っているということ、またスポーツを一緒にする機会があったり、そうした機会をきっかけに中高生にあこがれるなど、とりわけ現在同じフロアにあまり仲のよい子どもがいない子どもにとっては、中高生男子は生活を共にしていないからこそ接しやすいことも考えられる。そして、小学生も中高生も食事をとるのは同じ食堂であるため、基本的には毎日顔を合わせており、お互いにまったく知らない間柄でもない。これらのことから、施設Xの本館前では、性別や年齢を超えて、多様な子どもが集まり交流しているようすがしばしば見られる。

次に、割合としてはかなり少ないものの、同地区の他の児童養護施設の子どもたちとの関わりがある。フットサルや野球の大会や、児童養護施設どうしの運動会、また他にもさまざまな体験教室などで一緒になり、関わりが生じる機会がある。

そして最後に、小学校での関係が挙げられる。筆者が観察した範囲はおおむね施設内に限られるものの、施設以外で、つまり学校において子どもが他人と関係が形成できているかどうかは、こうした主に施設内という限定された範囲からの観察のみからでもある程度は判断できる。例えば、友だちの家に遊びに行ったり、反対に友だちを施設Xに連れてきたりすることがあるか、施設Xで年に一度の祭りを開催したときに学校の子どもを呼んでくるかどうかなどからである。他にも、施設から一歩出て観察してみれば、授業参観やマラソン大会の応援などの学校行事に筆者や施設職員が行ったときなどに、彼らが誰と共にいるか（施設の子どもどうしでいるのか、施設外の子どもと過ごしているか）でも分かる。より日常的には、朝の登校指導として学校まで子どもたちについて行ったときに、まっすぐ教室に行き、他の子どもと交わるのか、または玄関先に施設の子どもどうしで集まったままなのか、そして下校時には誰と一緒なのか、ということなどでも判断できる。

施設Xで暮らす小学生男子が、学校で仲良くなった子どもの家に遊びに行くときは、事前に職員に伝え、外出届を提出するルールになっている。その理由は、「友だちの家に遊びに行く」と言って、そのまま所在が分からなくなったり、年齢にもよるが、場合によっては、親戚の家に行ったり、一人で遊びに行ったりすることも起こりうるからだ。それゆえに、近所の友人宅であっても外出をする際には外出届を出すようになっている。さらに、職員が相手の保護者に対して事前に電話で確認し、あいさつなどを行っていることもある。学校の友だちの家に、遊ぶ約束もしていないのに施設Xの子どもが勝手に来た、などの齟齬が生じないようにするためだ。職員が遊び相手の保護者と連絡を取ることには、別の理由もある。例えばかつて、見慣れない靴をもって友人宅から帰ってきた子どもがいた。職員が保護者に確認をしたところ、結果的には、その友だちの兄の靴のサイズが合わず、譲ってくれたということだった。このように、事前に保護者との関係があれば、事情はすぐに理解できる。

（3）〈友人〉／〈仲間〉関係による分類

いずれにせよ、施設の子どもは施設内で多元的なネットワークを形成しており、同時に密度の高い人間関係に支えられている。なぜなら、通学をはじめ、スポーツや行事、遊び、そして食事、入浴、起床就寝もまた一緒に行っているからだ。ときに、子どもどうしの距離感が近過ぎてそれが指導を受ける理由になることもあるほどである。そこには、境遇が似ているということもあり、学校の友人では知りえない水準でお互いのことをよく知っている場合もある。

しかし、施設の子どもどうしが、お互いに親しい友だちであるという認識がされにくい面もある。多くの場合、関係性の基盤が施設生活という文脈に依存しているからだ。身も蓋もない言い方をすれば、食事のときは誰かの隣に座ればいいだけであり、入浴も時間が決まっており、スポーツは参加の意思を表明すれば自動的に参加でき、登下校も誰かと一緒に行けばよい。つまり、つねに一人にはならずにすむ。二〇一九年当時、職員歴二年目にあった職員Mは、自分が担当している子どもと二人で出かける時には「（施設内で）誰と友だちなの？」と必ず聞くようにしているそうだが、どの子どもも施設内での特定の仲のよい友だちの名前を上げることができなかったということに驚いていた【fn二〇一九〇四／二〇一九年四月のフィールドノートより】。

児童養護施設Xで生活する子どもどうしは、〈友人〉というよりは、きょうだい関係や〈仲間〉関係に近い側面がある。(4) このことには、施設にいるときには前述のとおり完全な孤立感がないことや、はじめて入所した子どもでも、お互い境遇が近いため溶け込みやすいという利点もある。このように生活単位であるフロア内では、濃密で多様な人間関係が形成されているが、必ずしも自発的でなく、文脈がある、二者間ではない、関係の継続が難しいなどの理由から〈仲間〉に近いと言えよう。

あえて対比するならば、学校で知り合う、施設以外の子どもとの関係のほうが〈友人〉に近いだろう。その理由は、生活の場ではない学校のほうが関係の選択が相対的に自発的であること、対等であること、特定の文脈に依拠しないからだ。実際、「施設X内に自分の友だちはいない」という子どもでも、学校の子どものことは友だちだと位置付けている例も見られる。

施設内で〈友人〉が形成されにくい理由として、既述のように関係のバリエーションが多すぎるために、特定の子どもどうしが仲良くなるという選択がとりにくくなっているとも考えられる。施設内では特定の子どもどうしが継続的に過ごせるわけではなく、部屋割りでも仲がいいからという理由だけで一緒にされることはないのである。このような施設内の（濃密で、独特な）関係性は他方で、学校において施設外の子どもと個人的な友情を育む妨げとなってしまうこともある。さらには施設の構造的な要因によって、施設外での友情を育む機会が抑制されていることもある。その結果として、〈友人〉という典型的な二者関係をつくる機会が減っている可能性もあるのではないだろうか。実際、観察においても、子どもが学校における〈友人〉を積極的に形成／維持することに制限がかかる事例が見られた。

3．学校でできる〈友人〉関係形成の制限

（1）施設の共同生活において他者の介入によって揺らぐ友情

児童養護施設で暮らす子どもにとって、そこでの人間関係は自由に形成されているものではない。例えば、他の子どもと比較されたり、他者の影響を受けたりすることが、ままある。以下の記述では、施設の子どもは漢字名で、学校の友人や教師はカタカナ名で表記する。

【事例1】正月の年賀状

元旦の昼、食堂でおせち料理を食べているとき、職員Iが年賀状を持ってくる。一人一人に配っていく。その中に、小学校のクラスメートであるハヤト君という友だちからの年賀状が数枚あった。そのうちの一枚には、手描きの絵とともに「心羽君、親友だよ」と書いてあった。同じハヤト君から、心羽と同じクラスの光にあてた年賀状には、印刷した絵とともに「友だちの光君」と書かれていた。親友と友だちを手描きと印刷という形で露骨に区別すること、それを同じ場所に送っていることを（筆者が）笑っていると、職員は「こんなん（親友と友人を区別すること）まだいいほうっすよ。こいつら（別のクラスメートの二人）なんてもらってすらいないですからね」と言っていた。【予備調査二〇一七〇二】

このように、児童養護施設においては、以上の三パターンの年賀状の存在をそれぞれの子どもが知ってしまうということがあり得る。もちろん、人間関係の優先度を区別することは誰にでもあるだろうが、施設Xで共同生活をしているがゆえに、本来であれば子どもたちがあまり意識しないですむ現実をつきつけられてしまう場合がある。子どもたちは、人間関係の優先度を区別する場面に過剰にさらされることによって〈友人〉形成への意欲が阻害される可能性もあるのではないか。また別に、ある関係に対して他の子どもが文句を言ったり冷やかしたりすることもある。

【事例2】周りが友だちの評価を言う

朝食時、子どもたちが小学校のキシダ先生の悪口を言っている。「その先生こわいの?」と筆者が聞くと、二年生大音が二年凛太郎に「マツモト君といつも一緒に怒られてるもんな。なっ凛太郎、マツモト君と友だちやろ」と言う。即座に四年光が「お前、あんなやつと友だちなん? しょーもなっ!」と口を挟む。凛太郎も「友だちちゃうわ!」と否定するが、話題はマツモト君がやんちゃであること、上級生から見たら生意気であることなどに移る。【fn二〇一八〇一】

このように、施設Xの日常生活の中では、同じ学校の子どもの話が出てくることがよくある。それは、話だけにはとどまらない。例えば、このマツモト君は、学校で五年生の大木に廊下で通りざまに殴られている。二年生の蘭丸が親友と言っているタカハシ君は、以前四年生の龍平にいじめられトラブルになっていたりする。子どもが小学校の〈友人〉——マツモト君やタカハシ君のような——と仲良くできるかできないかには、本人の努力だけでなく施設内の周囲の年長児も関係していることがうかがえる。

次に「友だちの家に遊びに行きたいけど行けない」という現象に着目する。事例では、年長児などの第三者が介入してくることが分かる。

【事例3】ついてこられたくない

二年蘭丸がクラスの友だちのタカハシ君の家に遊びに行こうとしたが、まわりからも止められる。蘭丸がためらっていた理由には、友だちの家に遊びに行くことがわかると四年の龍平などをはじめとし、友だちでもないのに「じゃあ俺も行く！」などと言ってくることがあった。【fn二〇一七〇六】

複数の他者の存在、施設内の他の子どもたちからの影響によって、個人的に友情を形成する機会が制限されざるを得ないジレンマが推察される。つまり、施設外の友人と個人間の関係を築こうとする際に、施設内の他の子どもの影響がかなりあるということだ。子どもどうしの結託によって、施設外で新しい〈友人〉を作り、関係を育てていくことを困難にしてしまう可能性がある。

(2) 施設のルールや配慮との抵触

施設Xでは、自分の友だちを施設に連れてきてもいい、と職員から伝えられている（数年前はそれも難しかったようだ）。しかし、ここでは十五人が生活しているが、「たまに連れてくる」程度のもので、回数はそれほど多くはない。また、それぞれの職員の考え方にもよるが、友だちを連れてくることはそれほど歓迎されているわけでもない側面も見られる。例えば、施設のグラウンドには、滑り台やブランコをはじめとする大型の遊具があるが、遊びに来ていた中学生の友だちが遊具の上から落ちて頭を打ち、職員は急いで対応（体勢を整えたり、毛布を掛けたり、病院の手配をするなど）に追われたこともある。またそのうえで職員は、相手の親に事情やいきさつを伝えたりしなくてはならない。こうした子どものトラブルは枚挙に暇がない。他にも、施設は集団生活であるから、インフルエンザやおたふく風邪のような流行の病気にかかっている子どもが少なからずいるため、遊びに来た子どもに感染することを考えれば、やはり慎重にならざるを得ない。

【事例4】病気の子どもがいるため入ることができない

六年佑成が「ナカシマ遊びに来るから今日いい？」と職員に聞いている。「今日、安静室に水疱瘡の子いるから部屋の中やめといて」と言われる。【fn二〇一八〇一】

さらに施設Xではまず宿題や翌日の時間割の準備を終わらせてからゲームをしたり、テレビを見たりする、というルールがある。つまり学校から帰ってすぐ遊ぶことはできない。施設Xに小学校の友人を連れてくるときも同様で、友人も施設のルールは守らなければならず、彼らがやるべきことを終えるまで待たなければならない。他のルールとしては、カードの交換禁止がある。施設X内では子どもの上下関係があるため、物の交換を一律禁止にしておくことで、立場の弱い子どもが交換と称して、年長児に都合よく奪われることを防いでいるのだ。しかし、施設外の子どもからは「別に交換いいやん」と言われ、結果的にトラブルを招くこともある。このように施設Xで生活する上での独自のルールが存在するため、〈友人〉と完全に同じようにはふるまえないこともある。

【事例5】抜け出して遊びに行く

五年生大木が、施設Xを抜け出していた。昼に施設Xに八人くらい施設外の学校の子どもが来ており、みんなでサッカーをしていたが、そのメンバーが外に遊びに行くことになったから一緒について行ったと説明する。安く買える自販機を友だちに教えてあげたと言っていた。【fn二〇一七二二】

この例のように、職員に伝えず遊びに行くと、施設では子どもが突然一人いなくなったということで問題になる。しかし、職員に「なんで事前に言わないのか」と言われても、子どもそれぞれの特性もあり、また、これまでの経験から、（友だちが行くから自分も校区外へ行くなどと）伝えたら行ける確率も低くなることがわかっている。ただし、小学校の決まりでも、校区外や商業施設に子どものみで行ってはいけないことになっているので、児童養護施設という準公的機関の職員が地域でのルールにのっとり子どもを制限することは当然である。ゆえに、どうしても友だちと行きたかったら、施設職員に内緒で行くという大木の判断は、子どもにとってはある意味で合理的ではあるのだが、結果的に問題行動として捉えられ、管理がより厳しくなる。子どものためを思う職員の配慮ではあるが、次のような事例も見られた。

【事例6】学校からの帰りが遅いことを心配される

二年生蘭丸の帰りが同級生と比べて遅くなり、「心配したやん！」と職員に寄り道していたことを指導される。その後、蘭丸に話を聞くと、学校のクラスメートのタカハシ君と三人で下校していたときに、道に猫がたまたまいた。その猫を見ていたあと、一緒にいた○○（名前不明）が、（たぶん、うそだと考えられるのだが）猫を殺した話をしてくれるからずっと聞いていたと言う。【fn二〇一七一一】

厳密ではないが、学校からは寄り道をすることなく施設に帰ってくるように、という指導がなされることもある。これまでに通学路で車に傷をつけたことや他人の家に古本を投げ入れたこと、年下の小学生に絡むなどの出来事があり、地域住民とのトラブルにも発展しかねない事件があったからだ。

さらには、遊ぶ場所の問題がある。遊びたい子どもの家が、施設からすぐそばにあれば、一度施設に戻ってから遊びに行くこともできるが、少し距離があると、状況は異なる。そのようなとき職員は、例えば、相手の保護者から家の場所を聞いて、子どもについていったり、ときには車で送迎をしたりしなければならない。子どもたちが一斉に帰ってくるため宿題を確認したり、学校と必要な連絡を取り合ったりと、ギリギリの職員配置で夕方の対応をしている現場では、少し離れた友だちの家に遊びに行く場合の支援の優先順位は低くなる。

また、自力で移動できる高学年が、施設から少し離れた友人の家に自分一人で遊びに行きたいと思っていても、自分がこの校区の地理をよく知らないため、家の場所を説明されても、「場所が分からないから遊びに行きたくても行けない」という事情を語る子どもも複数いた【fn二〇一七一一】。

多くの子どもは施設に入所する際、近隣の市町村などから引っ越してきている。つまり、施設Xの校区は、子どもにとっては、ほぼ見ず知らずの土地なのである。加えて、買い物などは別として日常的に施設から外に出る必要が少ないので、地域の情報を知る機会も多くはない。これは、幼少期から施設で暮らしている子どもも同様であった。このような事情によって、〈友人〉形成の機会を子ども自らが制限していく過程があるのではないだろうか。

以上のように、「子どものため」を思って形成されている施設側の配慮やルールが、施設内外で友だちと遊ぼうとする際には逆機能してしまう事例が見られた。

4．〈友人〉形成の意味

本章では、児童養護施設で生活する小学生どうしはさまざまな構成原理のもとで互いに関わっているが、その関係は〈仲間〉に近く、学校において〈友人〉を形成するにあたっては困難を伴うこともあるという議論を展開してきた。

また、年度をまたいで観察を続けることで、彼らの〈友人〉関係は継続されていないことも分かった。

例えば、タカハシ君の家にあれほど行きたがっていた蘭丸は、二〇二〇年時点で「タカハシ君ともう友だちではない」と言っていた。さらには、二〇二二年時点で蘭丸はすでに家庭復帰したため、施設Xにはいなくなってしまった。心羽に親友だと年賀状を送っていた子どもは両親の都合で引っ越しをしてしまった。幼い頃から施設Xにいた佑成が仲良くしていたナカシマ君（筆者自身、施設の中でも何度か見かけた、フロアの職員にも「また、あの子か」と思われるくらいにはよく来ていた）については、卒業式後にある職員が「ナカシマ君が佑成の友だちで本当によかった」という趣旨の内容を引き継ぎの記録に書き残していた。筆者も彼らが一緒に写った写真を見せてもらった。しかし、その後、佑成はナカシマ君と別れを惜しみながらも違う場所で生活をすることになった。本章の冒頭でも説明したとおり、施設の子どもは自分の意思だけで生活場所を選ぶわけではないのである。

つまり、彼らの〈友人〉は一時的だった、ともいえる。こうした〈友人〉の非継続性は、子どもにとっては、施設に暮らしているかどうかにかかわらず、ありがちなことだろう。ひとえに〈友人〉といっても、日常生活をともにする間柄から、異なる環境になっても連絡を取り合う関係性など、さまざまである。なかには行き違いや接触頻度が減ることによって疎遠になっていく場合もあるだろう。では、おそらく実際には自分の将来のネットワークとなる可能性は低いが、それでも〈友人〉を形成すること、あるいはその形成を支援していくことにはどのような意味があるのだろうか(5)。

一つ目に、彼らの成長過程で、そのような経験を繰り返すことで築かれていく社会性があるのではないかということだ。イギリスの社会学者のL. Jamiesonは、かつての心理学的研究では幼い子どもは友情そのものよりも、他児と遊ぶことに興味があると主張してきたが、実際は子どもにとって友情は主要な関心であると論じる。子どもを大人から引き離し、年齢別集団と他の条件下において共有される学校という文脈は、選ばれた〈友人〉の源となっているという（Jamieson 1998）。であるなら、施設外の人間関係も選ばれた〈友人〉の源になっていると解釈することもできる。そして、D・Chambersの「ポスト近代において、関係性の重心が親族と共同体のネットワークから個人的な絆へと移行するなかで、友情は特権的な位置を占めつつある。そこで、友情は関係性のモデルとして、また〔関係性の〕近代化を進める原動力として機能している」（Chambers 2006=2015: 4）という指摘を踏まえれば、なおさらこれらの経験は重要である。

二つ目に、子どもの〈友人〉を巡る状況それ自体をさまざまな角度から考えてみることが、子どもの置かれた立場——構造上の問題——を推測することにつながる意味があるのではないだろうか、ということである。(6) 例えば、施設Xの子どもにとって、学校での〈友人〉が比較的少ない点に関して、その要因の解釈は先述のとおりさまざまだが、このことは職員にもある程度は認識されていた。例えば、職員Iは、「話が合わないんちゃいますか」と言う。一年生から六年生までが共に過ごしていることで、テレビ視聴は最大公約数的な「戦隊もの」や「アニメ」ばかりになってしまう。小学校高学年であればクラスの中で多数が見ているであろうドラマなどを見ることが一切ない。

補足すると、二〇二一年に流行した『鬼滅の刃』というアニメは本来、施設ではほぼ見ることができなかった。施設では被虐待のトラウマなどを抱えて入所している「子どものため」という配慮から、血が多く流されたり、暴力シーンが多い番組等は見ることができないからである。その後、同アニメの流行を受けて、子どもたちは例外的に見ることができるようになったが、施設では世間で大流行しているアニメを施設外の子どものように自由に見ることができず（放映直後には冒頭の「歌」だけ聴くことができた）、学校での話題に入ることができないという状況が想像できるような例でもあった。

別の職員Kは、子どもが友だちの家に遊びに行きにくいことについて、親どうしのつながりがないからだと考えていた。相手の保護者との関係が重要であることに関しては、二〇二一年に、友だちの家に遊びに行きはじめた子どもの例がある。二〇二二年になっても、一時期は毎週のように行っていたりすることもあり、それはその子ども同士が仲がよいということもあるが、相手の保護者が「遊びに来てね」などと声をかけてくれることも一因になっていた。

また職員Mは子どもが自身の退所を予期しているからこそ、「自分はそのうち自分の家に帰る、って思っているから、無理して今の場所で友だちを作ろうとしないんじゃないですか」と解釈していた。ここには、子どもの見通しの立たなさが垣間見られる。施設に五年いた、十年いたというのは結果的な話なのである。

どの職員の解釈も少しずつ異なり、個人差もあるものの、学校で友だちができにくいという事実に関して、ある程度共通の認識が成り立っており、そのような職員の感じ方や観察は的を射ていると考えられる。

5．おわりに――子どもの〈友人〉形成と子どもの意見表明

本章の議論をまとめたい。

一点目に、参与観察の結果、児童養護施設の子どもたちはそれぞれ多様な子ども関係のなかで生きている姿が浮かび上がった。また、施設にいる間は、子どもは完全に孤立することはない。共に過ごしている時間や相互行為の内容を考えた際には、学校で形成される関係以上の親密さを有している場合も多い。

二点目に、『友情の社会学』の概念と照らし合わせた場合、どちらかと言えば、施設内の関係は〈仲間〉に近く、学校での関係が〈友人〉に近い。これらの関係はどちらか一方が重要というわけでは決してないが、結びつく原理や特徴が質的に異なっている。

三点目に、施設で生活する子どもにとって、友だちの家に遊びに行きにくいなど、学校での〈友人〉を積極的に形成しにくい要因が垣間見えた。

以上の三点から「児童養護施設で暮らす小学生男子が形成する子どもどうしの関係には、どのような特徴があるのか」という問いに対して、「施設内での多様な〈仲間〉関係が形成される一方で、学校における〈友人〉形成が制限される特徴がある」という知見を提示する。

そして特に重要な点は、実際の〈友人〉がいるかどうかではなく、〈友人〉を作ろうと思えるかど

うか、思ったときに個別に適切な方法がとれるか、阻害要因が働かないか、という点である。本章では、施設退所者からはそれほど語られてこなかった施設生活の内部や相互行為から見える阻害要因を明らかにした。ここから、退所後のアフターケアのみならず、入所中のインケアにおいて子どもが他者と自発的、対等に親密性を形成できるような施設内のケアの実践的な提言にもつながる。具体的には、共同生活における意に反した他者の介入の制限、子どもの早期の〈友人〉形成を尊重したうえでの施設のルールや職員の配慮の構築、子どもが自分の施設のある地域の事情に精通できるようにするような支援（端的には、細かい外出を増やすことや地域の地図を見ることができるようにする）[7]などが挙げられる。児童養護施設が厳しい職員配置や予算で運営されているなかで、これらは優先度が低くあまり顧みられにくいのが現状ではあろうが、既存の研究で指摘されている、子どもたちが成長後に抱えがちな人間関係の困難さを考えた場合には、見落とされてはならないことなのではないだろうか。

最後に、近年盛んに議論されるようになってきた「子どもの声」「子どもの意見（表明）」について、本章の分析からいくつか論点を提出してみたい。

一つ目に、子どもの意見が出る／出ない文脈があるということだ。例えば、「子どもの意見」ということについて、子ども自身にも、子どもの意見を聴く大人の側にも優先順位があるだろう。また、その意見を直接出せるとき／出せないときもあり得る。実際、子どもによっては友だちの家に遊びに行きたいと意見をはっきりと言える子どももいれば、本章で見たように自分からは言い出せない子どももいた。

二つ目に、子どもの意見・意思それ自体も、大人の働きかけがあってこそ生じる側面がある。特に、学校等で友だちを作るような行為へのモチベーション自体、職員の方針や関わり方に影響されるだろう。だから、地域の子どもの家に遊びに行ける環境的条件が整っても、その意欲自体が形成されるためには、職員や周囲やそれまでの保護者との相互作用によって形成された価値観が影響されよう。

三つ目に、子どもの友人形成／不形成という些細な個別のトピックから、「子どもを取り巻く環境」の改善の可能性がある。(8) 本章で見てきたような問題に対しては、（本稿では論じることができなかったが）施設が取り組むことだけでなく、施設から来ていても友だち形成に配慮がなされるような学校作りや「地域」からの理解なども必要になるだろう。

四つ目に、子どもの声を尊重することで子どもの満足が上昇するとは限らず、そこには準拠集団の問題があるということだ。(9) 施設外の友だちがその家庭で一見自由に振る舞ったりする様をたまたま見て、友だちの状況がうらやましくなってしまい、自身と比較したときに、みずからの生活環境に大きな不満が出てくる場合もある。または、それがもとで友人と大きくトラブルになりもめてしまい、結果的に傷つくこともあるだろう。この点は、友人からの承認が重要である一方で、友人との「好意の反作用」（志田 2021: 126）とも通じる部分がある。また、友だちはいらないと「本当に」思っている子どもからは、友だちを作ることを是とするような働きかけや世間に広まる価値観自体が、自身の意に反すると感じてしまうかもしれない。友だちがいた方がよいという価値観も重要だが、それが逆に子どもへの押しつけになる可能性もある（そのような問題の例として、「友だち地獄」（土井 2008）があげられる）。これらは、施設だけに見られるわけではなく、いわゆる典型的とされる「家族」についても同様のことが言えるのではないだろうか。

自由な〈友人〉形成は、子どもにとってのある種のノーマライゼーションと考えられるだろう。ただし、その意見を表明する〈場〉自体に制約があり、表明された内容や形成された意見が子どもの「純粋な意思」ではないかもしれないという点では、本書第5章の根岸論考にもつながっていくと思われる。

注

（1）施設で暮らす「子どもの声」として、「施設よりも家族の方がいい」という「声」もある。筆者の施設Xでの聞き取りにくわえて、伊藤（2010）においても、元の家に帰りたいという声が紹介されている。措置において子ども自身の意向が軽視される現状を鑑みれば、たしかにこれらの声に着目する必要があるだろう。しかし、この「子どもの声」はそれほど単純ではない。なぜなら、子どもには保護者の情報がネガティブなものも含め全て与えられているわけではないからだ。そのため、施設にいる子どもから見ると「保護者」が過度によく見えてしまうこともある（三品2021）。このような現実があるため、児童養護施設において「子どもの意思」を考える際には、「子どもの意思」は重視しなければならないが、一方で「子どもの意思」を言葉通り捉えていいのかどうかという複雑なジレンマがある。また、子どもとの会話からは、そもそも生活する場として「（自身の家か施設かどちらが良いかという点について）分からない」という声を聞くこともあった。だから、全ての子どもが「家庭」を望んでいるという前提には注意も必要である。なお、行政の措置ではなく例外的に、親自身が養育困難であることを相談するケースや、子どもが自分自身で警察や児童相談所に駆け込むというケースもないわけではない。すなわち、施設Xにおいては、数少ないが自身で施設生活を希望した子どももいる。

（2）施設Xを卒業した施設出身者男子と一部職員たちのLINEグループが存在する。また、施設出身者への人的ネットワークに関するインタビュー調査からは、施設の卒業後、信頼できる人間関係の形成に困難を感じており、新しい人間関係の構築に躊躇する傾向があり、そのために、学校での友人関係だけでなく、同じ施設の出身者どうしでの友人関係を維持しているケースも多いことが明らかにされていた（久保原 2016）。

また、本研究では深められていないが、志田未来のひとり親家庭における子どもが、同じひとり親家庭を経験した友人から承認を受けているという指摘（志田 2021）を踏まえれば、同じ文脈を共有している施設の子どもによって、彼らの「承認」が保たれている可能性も考えられる。

（3）例えば、小鳥をつかまえて押入れに入れたケースや、カニを持ってきて机の引き出しに入れておくときなど、部屋の中だけで秘密が守られていた。小鳥の場合は、二人で使う押し入れに入れており、カニは疑われないように、自分の机ではなく、年下である二年生の机を借りたりすることもある。子どもの中には、夜尿をする子どももいるが、同室の子どもはそれを知っていることになる。ある部屋では、頻繁に夜尿をしてしまう子どもに、六年生が「たまたま四時とかに起きたら起こしたるわー」と言っていたことがあった。またある部屋では、自分が施設に来た理由とされている「〝親の虐待〟の話は本当は違う」という話を同室の子どもにしていたこともあった。職員に対する秘密だけではなく、担当職員にも話していないようなことを同室にいる子どもとだけ共有していることもある。

（4）このように、施設内では、ある種の「親密性」が形成されている。年齢にかかわらない点、日常生活をともにするという点、お互いをよく知っているという点で、施設内の人間関係は友情関係というよりもきょうだい関係に近い面がある。

（5）この他にも、施設の子どもが施設以外の〈友人〉をつくることは、施設に対する偏見をなくすということにも役立つ可能性がある。高安（2017）によるインタビュー調査のデータ分析の中に、偏見を克服する、というカテゴリーがあり、そのひとつに、「児童養護施設の外に仲間を発見する」ことが挙げられていた。

（6）長瀬の実施した児童養護施設出身者のインタビュー調査からは、クラブ活動によって施設で定められた帰宅時間に遅刻したときに職員から注意を受けた経験や、施設にバレーボール部があるため、高校のバレーボール部に入ることを反対された語りがある（長瀬 2011: 47）。バレーボール部に入部するという点では同じかもしれないが、学校と施設という文脈の差はあり、このような点に関しても、本章を応用して検討する意義があるのではないだろうか。

（7）偶然ではあるが、二〇二二年、中学生高校生が暮らす施設Xが運営する地域小規模施設の事務所には、子どもの希望により、校区の地図が貼られた（地域の自治会が作ったもので、各家の名前などがびっしりと書いてあったり、地域の事業所や店の広告などが載ったりしている）。

（8）二〇二二年に至ると、子どもの人間形成にもさらに大きな変化が生じている。今では、二階の以前より多くの子どもが同じ小学校の友だちの家に遊びに行くようになった。また、最近、これまでにはなかったことが起こった。施設Xで暮らしている高校生男子が筆者の宿直時に「すごく良いことがあった」と教えてくれた。その子どもは用事があり担当職員の車でやや遠くの場所まで向かった。たまたま付近は、彼が小学生だった時（つまり、保護される以前）に住んでいた地域だった。その子どもは、職員に頼み、小学校時代の同級生の家をたずねた。数年ぶりにたずねると、そこの家の方は、彼のことをよく覚えていてくれたという。その際に連絡先のLINEを交換した。後にかつてその小学校の卒業生が作っているグループラインに招待してもらい、小学校の時の友だちと再びつながることができた。

（9）施設Xのある子どもはサッカーが上手で、そこでの人間関係が大きいのだが、他のサッカーをしている子どものブランドロゴの入ったジャージと自身の服装を比べて不満を述べていたことがある。施設Xにおける衣類代予算は少ないわけでは決してないが、なかなか希望通りにいかないこともあった。これは、服装の重要性（Ridge 2002=2010: 134）の議論と通じる。施設で暮らす高校生などにとってはもう少し深刻な問題かもしれない。

文献

Adler, Patricia A. & Adler Peter, 1988, *Peer Power; Preadolescent Culture and Identity*, Rutgers University Press.（住田正樹監訳　2017『ピア・パワー――子どもの仲間集団の社会学』九州大学出版会）

Allan, Graham, 1989, *Friendship: Developing a Sociological Perspective*, Harvester.（仲村祥一・細辻恵子訳　1993『友情の社会学』世界思想社）

Chambers, Deborah, 2006, *New Social Ties; Contemporary Connections in a Fragmented Society*, Palgrave Macmillan.（辻大介・久保田裕之・東園子・藤田智博訳　2015『友情化する社会――断片化のなかの新たな〈つながり〉』岩波書店）

土井隆義　2008『友だち地獄――「空気を読む」世代のサバイバル』ちくま新書

Grant, Carl A. & Sleeter Christine E., 1996, *After the School Bell Rings*, Falmer Press.

伊部恭子　2015「社会的養護における支援課題としての権利擁護と社会関係の形成――社会的養護経験者の生活史聞き取りから」『福祉教育開発センター紀要』12: 1-16

伊藤嘉余子　2010「児童養護施設入所児童が語る施設生活――インタビュー調査からの分析」『社会福祉学』50, 82-95

――　2017『社会的養護の子どもと措置変更――養護の質とパーマネンシー保障から考える』明石書店

Jamieson, Lynn, 1998, *Intimacy: Personal Relationships in Modern Societies*, Polity Press.

久保原大　2016「児童養護施設退所者の人的ネットワーク形成――児童養護施設退所者の追跡調査より」『社会学論考』37: 1-28

三品拓人　2020「児童養護施設で暮らす小学生男子たちにとっての〈友人〉――子ども同士の関係の質的な違いに着目して」『ソシオロジ』64(3): 77-94

――　2021「児童養護施設に住まう子ども間の「差」と職員の葛藤――子どもの多層性に着眼して」『社会的養護研究』1: 134-141

長瀬正子　2011「児童養護施設での生活」西田芳正編『児童養護施設と社会的排除――家族依存社会の臨界』解放出版社、40-71

志田未来　2021『社会の周縁を生きる子どもたち――家族規範が生み出す生きづらさに関する研究』明石書店

高安和世　2017「児童養護施設退所者が自立していくプロセスに関する研究」『社会学論業』190: 21-41

田中理絵　2004『家族崩壊と子どものスティグマ――家族崩壊後の子どもの社会化研究』九州大学出版会

Ridge, Tess, 2002, *Childhood Poverty and Social Exclusion: From a Child's Perspective*, Polity press.（中村好孝・松田洋介訳　渡辺雅男監訳　2010『子どもの貧困と社会的排除』桜井書店）

内田龍史　2011「児童養護施設生活者／経験者のアイデンティティ問題」西田芳正編『児養護施設と社会的排除――家族依存社会の臨界』解放出版社、158-177

宇田智佳　2019『児童養護施設で暮らす子どもたちの生活と教育──社会的排除の視点から』大阪大学大学院人間科学研究科修士論文

＊本研究はJSPS科学研究費の助成を受けている（課題番号18J11676）。また、本研究に関する社会調査は大阪大学大学院人間科学研究科社会・人間系研究倫理委員会の承認を得て実施した（受付番号2017027および2018027）。また、本章は『ソシオロジ』に掲載された論文を、二〇二一年時点での情報などを付け加えて加筆修正したものである。

第5章　被虐待児に対する「子どものため」の臨界
――被虐待児は「子どものため」の支援／介入とエイジェント化をどのように経験しているか

根岸　弓

1．はじめに

本章では、児童虐待対応における、子どものエイジェント経験および「子どものため」の経験に焦点化する。[1]

(1) 社会介入を許容しやすくする「不適切な養育」という現象

子どもの養育を理由とする家族への介入は、以前より各国でおこなわれてきた。例えば、日本では児童虐待に対応するべく一九三三年に「児童虐待防止法」[2]が制定され、アメリカでは植民地時代から親に養育能力がないと判断された場合に子どもの家庭分離がおこなわれていた（McMullen 1992）。また、スウェーデンは二十世紀初頭まで大量に人口が流出する貧農国であったことから、子どもの養育・管理に社会が関心を寄せるようになった歴史を持つ（Hort 1997）。これらの社会介入は、子どもの命を守るためだけでなく、不適切に育てられた子どもによる犯罪からの社会防衛であったりもしたが、悲惨な虐待死事件や二度の大戦への反省から徐々に子どもの要保護性が意識されるようになり、戦後の人権意識の高まりも相まって、今日では多くの国で「不適切な養育」である虐待への介入が求められ、実際におこなわれている。

「子どものため」におこなわれる虐待への介入は、それだけで望ましいもののように見える。しかし、不適切な扱い maltreatment と定義される今日の虐待において、「子どものため」の介入は不安定なものでもある。かつてアメリカでは、人種的マイノリティ家庭での養育は〝不適切〟であるとして、「子どものため」に当該家庭から子どもを取り上げて白人の中流家庭に里子に出したり、貧困家庭では子どもに十分な養育ができず〝不適切〟だとして、「子どものため」に家庭から分離していた。これが、元里子からアイデンティティの不在が語られたり、家庭の文化継承を妨げていると反発を受け、修正を迫られることになった（野瀬 2003 など）。日本においても、二〇二〇年十月に一時保護中の十代児童が自殺したケースでは、児童の家庭が経済的に困窮しており、適切な環境とはいえないことから、「子どものため」に家庭分離されていた。ところが、児童も母親も分離には同意しておらず、児童は面会が繰り返し制限されるなかで希望を失い、自殺したとみられる[3]。いずれも、支援者／専門家の意図せざる結果となったものである。

（2）可変的な「子どものため」と子どもの意見表明権

そもそも、「子どものため／子どもの利益」の具体的内容は、可変的なものと扱われ、そのような取扱いが正当と認識されている（Committee on the Rights of the Children 2013: para.11）[4]。児童虐待対応においては、「子どものため」に家族維持し（非分離の在宅支援）、「子どものため」に家族分離し、「子どものため」に家族再統合を目指す（柏女 2019: 7–8、強調は引用者）。こうした動的な扱いが許容されるのは、ケースの個別性や文脈依存性の高さによるのだが、最終的に支援者／専門家が決定するという手続は、「子どものため」の実践のなかに、専門家の裁量が存在し、優先することを示している[5]。これは子どもに責任を負わせないためといわれるが、「子どものため」には、「子どものため」と言った途端にその裏に成立する専門家支配が見えなくなる、との指摘もある（内田 2007: 272）。

可変的な「子どものため」は、誰が使うかによって内容が変わることもある。支援者と親の「子どものため」が対立した場合や支援者の「子どものため」を遂行する場合に、この「子どものため」をどう思うか、子どもに意見が求められることがある。そもそも児童虐待への介入という行為は、今日では親と子を一体視することを拒絶し、親の利益と子の利益は一致しないと見なすため、社会が子どもに直接することを容易にする。ここで、被虐待児は自らの利益を主張するエイジェントとされる。

子どもの意見が聴かれることは、子どもの権利条約第十二条に規定された子どもの権利であり、望ましいものと考えられている。だが、子ども本人はどのように経験しているのだろうか。また、同条には、当該権利を有する子どもとは「自己の意見を形成する能力のある子ども」とあり、表明された意見は「年齢及び成熟度に従って相応に考慮される」と規定されている。「自己の意見を形成する能力のある子ども」であるか否かを判断する者、および子どもの意見を「相応に考慮する」者が大人だとすると、条約の文言そのままに依拠すれば、子どもは、専門家を含め大人たちの裁量如何によって、自己の利益について直接意見するエイジェントとなったり、あるいは自己の利益について考える十分な能力がないと見なされることもあるということになる。子どもの意見表明権もまた、動的なものとして扱われるべきなのだろうか。

(3) 本章の射程と方法

児童虐待対応という現象には、社会介入を呼び込み、可変的な「子どものため」の介入が正当とされ、かつ（動的であれ）子どものエイジェント化がみられるという特徴がある。本章では、これらをふまえ、被虐待児はどのようにエイジェントを経験しているのか、また、支援者の「子どものため」をどのように経験しているのかについて焦点化する。

本章の構成は以下のとおりである。まず、第2節では、子どものエイジェント化を経験的に検討する準備として、子どもの権利条約第十二条の意見表明権の構成要素をみていく。本条約は、国連加盟国数を上回る百九十六の国と地域が締約し（二〇二一年二月現在）、既に実践されている。そのため、現在進行形の各国の実践を集約している国連子どもの権利委員会（Committee on the Rights of the Children、以下、CRC）の各文書と、権利論に関する先行研究を中心に、意見表明権の構成要素を検討する。

第3節から第5節は、被虐待児のエイジェント経験と「子どものため」の支援がおこなわれるときの経験、家族に関する経験と考えについて、元／現要保護児童（当時）へのインタビュー調査から報告する[6]。協力いただいたインタビュー対象者は十代・二十代（当時）の計十二名である（表1）。インタビューの記述においては、個人が特定されるおそれのある情報は提示しない等の倫理的配慮をおこなっている。また、発言そのままでは内容が理解しにくい箇所は、〔　〕を用いて加筆し、紙幅の都合上、発言の趣旨を損なわない程度に略している。

表1. インタビュー調査対象者

調査対象者	インタビュー時年齢	虐待種別	措置経験時年齢（措置解除時年齢）
Aさん	20代	遺棄	0歳、3歳、10歳、(18歳)
Bさん	10代	（保護者の疾患）	6歳
Cさん	20代	性的虐待、身体的虐待	12歳、14歳、(15歳)
Dさん	20代	里親宅での心理的虐待	11歳、13歳、17歳、(18歳)
Eさん	10代	身体的虐待、心理的虐待、ネグレクト	12歳
Fさん	20代	身体的虐待	12歳、17歳、(18歳)
Gさん	10代	身体的虐待	16歳、(18歳)
Hさん	10代	遺棄	0歳、11歳
Iさん	20代	遺棄	0歳、9歳、(18歳)
Jさん	20代	遺棄	0歳、10歳、(18歳)
Kさん	20代	遺棄	0歳、3歳、(18歳)
Lさん	20代	身体的虐待、心理的虐待	16歳、(18歳)

出典：根岸（2018: 151）より一部改変。

2. 子どもの意見表明権とは何か

(1) 子どもの権利条約第十二条

はじめに、子どもの意見表明権の条文を確認しておこう。子どもの権利条約(以下、条約)第十二条の規定は以下のとおりである(政府訳、〔 〕内筆者加筆、以下同)。

第十二条

一 締約国は、自己の意見〔view〕を形成する能力のある児童がその児童に影響を及ぼすすべての事項について自由に自己の意見を表明する権利を確保する。この場合において、児童の意見は、その児童の年齢及び成熟度に従って相応に〔due weight〕考慮されるものとする。

二 このため、児童は、特に、自己に影響を及ぼすあらゆる司法上及び行政上の手続において、国内法の手続規制に合致する方法により直接に又は代理人若しくは適当な団体を通じて聴取される機会を与えられる。

CRCによれば、この第十二条「意見表明権」は、条約が採択された一九八九年以降の実践から、事実上「参加権」というより広い概念に発展しているという（CRC 2009: para.3）。そして、一般的意見十二号（General Comments No.12、以下ＧＣ12）で「参加」を以下のように定義する（CRC 2009: para.3、筆者訳、以降の記述において「　」付の「参加」はＣＲＣ定義の「参加」を意味するものとし、「　」なしは一般に使用される参加を意味するものとする）。

> 参加とは、互いに尊重しあうことをベースとした子どもと大人との間の情報共有と対話、および、子どもが、子ども自身の意見と大人の意見とがどのように考慮されて結論（outcome）が形成されるのかを学ぶ、進行中の行程を説明する語である。

右の記述から、「参加」は三つの要素から構成されていることが分かる。第一に、子どもと大人との間の情報共有と対話、第二に、子ども自身の意見と大人の意見とがどのように考慮されて結論が形成されるのかを学ぶこと、第三に、進行中の行程であることである。

（2）「参加」の三つの要素の具体化

では、この三つの「参加」の要素を更に具体化してみよう。第一の要素「子どもと大人との間の情報共有と対話」と第二の要素「意見がどのように考慮されて結論が形成されるかを学ぶこと」は、ＣＲＣの文書と現実の制度、および先行研究から、当該要素に合致するものを取り出すことで、具体化することができる。

CRCの「参加」の指針が示されたGC12と各国に対する勧告には、具体的な提案がいくつも書かれている。そこには、積極的に参加を保障するためのシステムのみならず、「自らの意思に反して意見を表明することを強制されてはならない」（CRC 2009: para.134）との指摘もある。そのため、意見表明を「する／しない」が選択できることも「参加」の構成内容として採用する。

支援者に対しては、「参加」の保障が義務か否かも影響を与える可能性がある。また、条約に記載された年齢や成熟度による制限は、子どもに対し、「情報共有と対話」の機会や「結果の形成過程を学ぶ」機会に差をつけるだろう。この点に関して中川（1999）は、支援者が裁量の結果について当事者へ説明することは、条約第十二条の「正当に重視される〔due weight〕」という作為義務の規範に含まれると述べる（中川 1999: 53）。したがって、支援者の判断により当事者の「参加」を制限する場合には、これに対する説明・報告の義務づけの有無も、「参加」を構成する要素となるだろう。

さて、CRC文書の射程外に、アメリカの制度がある。アメリカは条約未締約国だが、その制度は情報共有と対話、参加の面で特に積極的である。(7) したがって、アメリカにみられる実際の制度も、一般化したうえで、「参加」の具体的要素として含めてよいだろう。(8)

最後に、「参加」の三つ目の要素である「進行中の行程」の具体的内容を検討してみよう。まず、児童虐待対応は過程である。そのため、児童虐待対応のどこかで「参加」できたのか、都度「参加」できたのかでは、その行使の程度は異なる。「参加」権を経験的に捉えるには、過程への注目も必要となる。

（3）子どもの意見表明権／「参加」権とは何か

以上から、子どもの意見表明権／「参加」権の具体的な内容をリスト化すると、全三十五項目から成る「『参加』の権利リスト」ができる。

「『参加』の権利リスト」は大きく五つの要素から構成される。（Ⅰ）選好の形成や権利の行使を適切におこなうための前提となる「情報提供に関する権利」（七項目）、（Ⅱ）意見表明を伴わない参加を表す「出席に関する権利」（三項目）、（Ⅲ）自分自身の選好を表明する「意見表明に関する権利」（六項目）、（Ⅳ）当事者の「参加」をエンパワメントする側面が含まれる「『参加』を促進する環境に関する権利」（十一項目）、（Ⅴ）当事者本人が言語・非言語による選好の表明が十分におこなえない場合に当事者の利益を代弁する者を利用する「代理に関する権利」（八項目）である。[9]

それでは、被虐待児はこのような意見表明権／「参加」権をどのように経験しているのか。経験者の声を聴いてみよう。

3．被虐待児はエイジェント化をどのように経験しているか

(1) 年齢と能力

条約第十二条は、「自己の意見〔view〕を形成する能力のある児童」が意見を表明する機会を確保し、その意見は子どもの「年齢と成熟度に従って相応に考慮される」ものと規定する。これについて、子ども時代にエイジェントとして児童相談所（以下、児相）や里親、施設職員とやり取りした元被虐待児はどのように考えているのだろうか。

・意見〔view〕の形成は何歳頃からなされていると被虐待児は考えているか

一般に、子どもは幼いほど自己の意見を形成する能力が低いと考えられている。元被虐待児は自分自身のことをどう評価しているだろうか。

Aさんは乳児院と児童養護施設（以下、施設）で育ち、三歳と十歳のときに里親への措置変更が試みられた。Aさんは施設の担当保育士を「ママ」と呼び、慕っていたため、いずれの措置変更にも「嫌だ」という意思表示をした。Aさんは三歳のときのことを「意外に覚えてるんですよ、三歳でも」、「それすっごい覚えてて」と言う。

Aさん　いきなりそのあと里親さんのところに行かされて、意味が分からなくて、「えっ」みたいな感じだったんで、ずっと暴れたりとかしちゃって。でまあ、里親さんが体壊しちゃったりして、そのタイミングで「じゃあ」ってことになって〔施設に帰ることになった〕。（中略）私帰った瞬間、担当保母に抱きついたんですよ。それすっごい覚えてて。「帰ってきました！」みたいな。

Bさんもまた、六歳のときの措置変更時に「嫌だ」という意思表示をしたが、気まずかったこともあり、「今でも覚えている」と言う。

Bさん　〔措置が予定されていた里親家庭は〕なんか、「ここ」って感じがしなくて、あーちょっとここは嫌なんですって。（中略）すごい覚えてて。あーここちょっとやだなって、なんか、こう……向こうはすごい用意周到って感じで。（中略）他のおうちに行ってさ、「嫌です」って言ったときの、なんかちょっと気まずさみたいなの、今でも覚えてるから。

AさんとBさんの語りから、幼児であっても自分なりに意見を形成し、理由を持って判断をしていたと認識していることが分かる。そして、その意見は、Bさんのように言語で表出されることもあれば、Aさんのように行動で示されることもある。(10)

・判断能力はどのように評価してもらいたいか

では、「成熟度」についてはどうか。「成熟度」は抽象的な表現であるが、「参加」の文脈で核となるのは判断能力の有無および高低と捉えて間違いはないだろう。

Aさんは、被虐待児の意思や判断が尊重されずに、支援者が被虐待児に関連する事柄を決定していくあり方に、強い疑問を抱いている。

Aさん〔里親家庭が〕ヤダって言った子に対してすぐに施設に戻しちゃうのかとか。そこは里親さんとその相談員〔筆者注：児童福祉司〕のやりとりじゃないですか。もう子どもは関係なくなるじゃないですか。（中略）結局「今は嫌だって思ってるけど将来的にはちゃんとここが好きだよって言えるようになるから置いてるよ」って言われても納得できないとか。私は今はいいけど、当時は納得できなかったし、結局子どもの意見って聞かれるんですか？　みたいな。話を聞きに来て、それが何かに反映されたことはあるのかな、みたいな。（中略）もしこの家〔筆者注：里親宅〕にいるのが嫌だとか施設にいるのが嫌だって言った子が、じゃ何が嫌なのって言われたときに、何が嫌なのって言われても、みたいな。嫌なんだよ、っていう気持ちしかないときって〔ある〕。でも、その気持ちだけでは判断してもらえないじゃないですか。例えば里親さんのこういうところが嫌だとか言える年齢の子だったらいいけど、言えない年齢の子はどうしたらいいの、とか。

Aさんは、「将来的には好きだよって言えるようになるから」という「将来の同意」[11]によって、子どもである現在の判断が低く見積もられることに疑問を呈している。また、嫌だという「気持ちだけでは判断してもらえない」、理由を言葉で「言えない年齢の子はどうしたらいいの」という投げかけは、言語能力を基準に判断能力を評価しているとの指摘である。「その気持ちだけでは判断してもらえ」ず、「子どもは関係なく」支援者間で措置が決定される状況は、「言語で十分に説明できないこと」が、「判断能力が十分でない」と見なされているようである。だが、そうした被虐待児の判断や意見表明に対する支援者の評価は正しいのか、という指摘である。

継父からの性的虐待で十二歳で保護されたＣさんは、判断能力には人生経験の長さや置かれた状況も影響すると考えている。

Ｃさん　「どうしたい？」って聞いても、どうしたいって、自分のすっげえ短い人生のなかで歩んできた情報でしかないじゃん、あくまでも。だから一生懸命こっちからしたら言ってるんだけど、大人からしたらきっと「もっとこういうのもあるのにな」、「こういうふうにしたらいいのに」って思ってたと思うんだよね。（中略）施設の中でさえ職員が安定しなくて自分の親代わりになる職員さんが一年ごとに替わっちゃいますとかで気持ちの整理もできないのに、いくらいろいろ経験してきたから普通の子どもよりかは考えが立派とは言ったって、所詮は小学生・中学生・乳幼児じゃん。

Ｃさんは、人生経験が短ければそれだけ自分の人生に関する情報が不足するため、子どもの人生経験の短さが、自分にとって適切な今後の見通しをつけるための情報不足につながると考えている。そして、被虐待で、かつ馴染みのない社会的養護に置かれる状況下での判断は、周囲が丁寧に扱うべきだと言う。

・判断の結果の責任は誰が負っているのか

子どもの「参加」権／意見表明権が、子どもに全決定権を与えるものでないことは、今では広く認識されている。子どもの権利としてあるのは意見を聴かれる権利であって、自己について決定し、全ての責任を負う性質のものではない、という理解である。児童虐待対応においても、子どもに意見を聴くことはあれど、最終的な判断は「子どものため」に大人がおこなう。

それでは、被虐待児に対しおこなわれた決断の結果の実質的な責任は、誰が負っているのか。

Cさんは、中学卒業と同時に措置解除となり、自立した。高校進学せず、施設を退所することはCさんの希望だった。

Cさん　今、高認〔筆者注：高等学校卒業程度認定試験〕取ろうとしてる、今更。〔笑い〕ほんと、〔高校進学しないことを〕止めてほしかったよね、そういうの考えるとね。「とりあえずバカ校でいいから行っときな」って言って欲しかったよね、ほんとに。ほんとにマジで全力で止めてほしかった。それは本当に思う。失敗したなって。十代とか二十代前半とかだったら、それこそバイトしてとか、夜の仕事とかしてたときもあったから、そういうのでお金は稼げてたし、別に先のこととかもさ、子どもは産んじゃってたけど、でも何とでもなるやって思ってたけど。中卒で資格も何もなくて、なんなら親もいなくて、なんなら子ども産んじゃったし離婚もしちゃったよ、これ将来大丈夫かよ、私の老後大丈夫かい、みたいになって、こりゃやべえぞってなって。

Ｃさんは「今は別に後悔もしていない」が、高校進学せず十五歳で自立したことを「失敗したなって」思うと話す。この決断はＣさんのものではあったが、措置解除が実現したのは、施設もこれをよしとし、児相もよしとしたからである。三者の判断は、Ｃさんのその後の人生のあり方にも影響を与えた。つまり、被虐待児と支援者とがおこなった判断でも、その結果被虐待児の身に起こることは、その後の長い時間を含めて、被虐待児本人が引き受けることになっている。

Ａさんは、三歳時の里親家庭への措置変更が不調に終わり、その後は施設で生活していた。しかし、十歳のとき再び里親家庭へ措置変更となる。この措置変更は、Ａさんにとって「完全に自分のなかで気持ちが追いついてないまま決まっていった」ものであり、その後の五年余りの間「消化しきれてない」ものとなった。

Ａさん　昼間はいいんですけど、夜寝るときとか冷静に考えると、「なんでここにいるんだろう」みたいな。帰りたいなと思うけど、もう帰れないし。しかも思春期じゃないですか、小五とか。で、全然馴染めなくって。学校も外で遊ぶの大好きだったんですけど、小四までは。〔措置変更になってからは〕一切外に出なくなりましたね。

筆者　学校も変わったの？

Aさん　学校も転校して。このへんに友だちもいないので、外に出るもの〔筆者注：外に出る理由〕もないじゃないですか。授業も本当に真面目に聞いてたほうだったんですよ、小四までは。でもそこからけっこう授業中全部寝るとか、一気に学校もつまんなくなっちゃって。全部比べちゃうんですよね、前の学校だったら、施設にいたら、とか。でも、もう来ちゃったし。（中略）消化しきれてないんですよね、多分、自分のなかで。それがずっと続いてて、中三ぐらいまでは本当にずっと馴染めずにいたんですよね。だから、今のパパとママ〔筆者注：里父と里母〕をずっとおじちゃん、おばちゃんって呼んで、他人として扱うというか。

この措置変更の判断は、里親、施設、児相がAさんのためにおこなった判断である。その支援者がおこなった判断の結果生じたAさんの「消化しきれない」思いは、支援者の説明では解消されず、Aさん自身が消化していくことになった。

責任をどう解釈するかという点はあるが、判断の実質的な結果は被虐待児本人が引き受けるという事実を前に、「子どもに責任を負わせない」ということは可能なのだろうか。

（2）エイジェントとしての経験

先述のとおり、被虐待児は、要保護性が強調される一方で、親とは独立して、自らの利益を判断するエイジェントとして扱われることがある。本人が望むと望まないとにかかわらずエイジェント化されたりされなかったりすることを、子どもたちはどのように経験しているのだろう。先に示した「参加」権の五つの要素を念頭に置きながら、被虐待児の「参加」経験を追ってみたい。

・説明されても分からない

Fさんは継父から身体的虐待を受け、十二歳のときに児相に保護された。その後は施設に措置され、十七歳のときに里親へ措置変更された。

十七歳で措置変更されるとき、児童福祉司が「〔別の〕施設と里親とどちらがいいか、住むところを聞いてきた」が、Fさんは「難しいことなので、よく分からなかった」。なぜなら、児童福祉司の使った言葉が「普段使うものではなかった」からである。特に、里親という言葉はなじみがなく、想像ができなかった。

「説明を受けてもわからない」との意見は、他の被虐待児からも聞かれた。Gさんは実父の激しい暴力から逃れるため、十六歳のときに自ら児相を訪ねた。その際に対応した児童福祉司がよく話を聞いてくれ、Gさんはその児童福祉司に厚い信頼を寄せた。措置先を決定する際のやりとりを、Gさんは以下のように話してくれた。

Gさん　そのとき自分あんま意見持ってるような人じゃなかったんで、なんも言わなかったんですよ。でも、そこでも頑張って質問してくれて。「選択肢これあるけど、これだったら〔どう〕?」みたいな感じで聞いてくれて、良かったです。

筆者　そしたら選びやすかった?

Gさん　そうですね、でも分からなかったんで、全部。分からないから意見も言いようがない、みたいな。

Gさんの児童福祉司は、Gさんと相談しながらいくつかの選択肢を提示してくれていたが、Gさんは「全部分からなかった」。そして、「分からないから意見も言いようがない」と言う。

Cさんは、この「分からない」の意味を以下のように話してくれた。

Cさん　分かんないよね、多分。それこそどこどこの学園はこうこうでとか言われてもさ。（中略）児童養護施設っていう言葉は知っていても、児童養護施設がいったいどういう生活をするべきところなのか、どういう空間なのかっていうのは知らない、漠然としか知らないわけだから。

Cさんは、言葉は知っていても実際を知らなければ、被虐待児は説明されていることを十分に理解することができないと言う。このような未知の言葉や生活環境を前に、被虐待児は「分からない」状況におかれ、「意見も言いようがな」くなっている。

・無視されるのは嫌だ

では、エイジェント化されずに、客体として扱われることが「子どものため」になるのだろうか。小学生のときに母親から身体的虐待、心理的虐待、ネグレクトを受け、里親家庭に措置された中学生（当時）のEさんは、客体として扱われることには否定的だ。

Ｅさん　〔措置先の説明は〕特になかった、ちらっと言っただけで、はっきりとは。「さあ次どうしよう」みたいな感じで、ちらっとその話を言っただけで終わった。詳しくは聞かなかったです。

筆者　詳しく聞かなかったのは、聞けなかった？　それとも、たまたま聞かなかった？

Ｅさん　そういう雰囲気があって。もうとりあえず決めて、みたいな感じだったんで。じゃ、どうする？みたいな感じで、そういう聞く暇がなかったっていう。「えっ、じゃあ、えっ、じゃあ、養育家庭第一希望、お願いします」って言って。（中略）〔措置に伴い転校する必要があったので〕〇〇〔中学校名〕に行けたら行くっていうのもちゃんと話してたんですけど、△△〔中学校名〕になっちゃったりとか。

筆者　そのへんの説明も……

Ｅさん　聞いてないです。よく分かんない、福祉司さん自体。

Ｅさんの語りからは、情報提供を受けることや適切な意見表明の環境から疎外され、一方的に決められる（と被虐待児が感じる）と、否定的な経験になることが汲み取れる。また、Ｅさんからは「〔聞いてほしいことは〕特にないんですけど、私が聞きたいっていうのはあります」という語りもあり、情報提供を受けることは特に重要であることが示唆される。(12)

Ａさんもまた、「参加」の制限には否定的な感情を持った。十歳の措置変更のときのことである。

Ａさん　ここの家〔筆者注：里親家庭〕に行かないかって言われて、意味が分かんなくて。「いや、なんで行くの?」みたいな。自分の中で将来設計全部決まってたんですよ、施設のなかで。〔措置変更時、私は〕小学校だったんですけど、どの中学に行って、私はこの高校に行って、その高校に行ってから働くかどうするか決めるっていうのを決めてたから、「いや、どういうこと?」みたいな。それで施設のことも全然嫌いじゃなかったし、むしろ好きだったので、出ていく意味が分からないって思って。で、すんごい説得されたんですけど、とりあえず寝たかったんですよね、早く。みんなが寝てからそういう時間に話し始めて、寝たかったし意味わかんないし、「もういいよ、じゃあ行くよ」みたいな、投げやりな感じで行くこと決めて、そしたらとんとん拍子で決まり。だから最初から出すことは決まってたんですよね、多分施設のなかでは。(中略)完全に自分のなかで気持ちが追いついてないまま決まっていったんですよね。

Aさんは措置変更を拒否したが説得され、自分の希望ではないから、「投げやり」に返事した。ところが、Aさんが表明した拒否の思いはまるで関係ないかのように、措置変更は「とんとん拍子で決ま」った。「気持ちが追いついてないまま決まっ」た措置が、消化しきれないものとしてその後の五年間残り続けたことは、前項でみたとおりである。EさんやAさんの語りから、客体として扱われることは、否定的に経験されることもあるようだ。

・依存しながらの決定——「緩やかな参加」

では、どのような「参加」が肯定的に経験されているのか。

児童福祉司が提示した選択肢が「分からない」と話していたGさんは、それでも、選択肢を提示してもらったことは「良かった」と話し、「けっこう私の意見はずっと尊重してもらってました」と、明るい表情で語った。

Gさん　やっぱけっこう児童相談所の方に心を許してたっていうのがデカいですね。だからそういう手続きであんま（り自分が選んだという感じはない）。（中略）全体的に言えばもうけっこう、自分の意見は汲み取ってくれるから、この人に任せれば大丈夫と思って、知らず知らずのうちに全部任せてたかもしれないです。

Gさんは措置先を決めるにあたり、児童福祉司に「知らず知らずのうちに全部任せてたかもしれない」と話す。それは、総じて「自分の意見は汲み取ってくれるから、この人に任せれば大丈夫と思って」のことであった。Gさんに不満が聞かれないのは、自分の意見が、措置決定者である「この人」によく汲み取られているからである。つまり、日々の児童福祉司とのやりとりのなかで、情報提供や対話といった「参加」の機会をよく満たされていたGさんは、「分からない」ことに対する決定権を、自分の意見を汲み取ってくれる児童福祉司に移譲することによって、「参加」を肯定的に経験していた。

同様の経験は、Fさんからも聞かれた。Fさんは児童福祉司のことはあまり信用していなかったが、一つ一つ丁寧に噛み砕いて説明をしてくれた里親家族には信頼を寄せ、里親家族が決定をサポートしてくれたことは肯定的に語った。

一方、信用していない支援者による決定は否定的に経験されている。Eさんは児童福祉司に不信感を持っており、この児童福祉司の決定には「また嘘つかれるんじゃないかな、とか」思うと話し、自分の希望は自分で話すのがよいと言う。

GさんやFさんの経験から、「分からない」状況では、他者に判断してもらうことも肯定的な経験になっていることがわかる。しかし、Eさんの経験と比較すると、他者による判断や決定は、被虐待児が委ねたいと思う人に委ねることができて初めて、肯定的経験になると考えられる。表面的には同じ支援者側の判断であっても、被虐待児にとっては、自ら誰かに移譲して「参加」から降りる「緩やかな参加」による結果なのか、あるいは、「参加」が適切に保障されていない結果なのかによって、その経験は肯定的、否定的の両極に位置づけられている。

・同意の逆機能

意思表明の一つである同意には、これを原則とすることの危険性についても語られた。

Gさんは一時保護を受ける際に、児相から同意を求められた。Gさんは実父の暴力への恐怖心から一度保護を断り、二度目の提案で同意した。

Gさん　最初は、状況を聞かれたときに、その日すぐに、一時保護っていう制度があって一時保護したほうがいいと思うんだけど、って言われて。でも、家に帰らないとお父さんのほうが怖すぎて、帰りたくないけど、「いや、帰ります」って言って帰ったんですけど。（中略）〔その数日後に学校に電話が入り〕

やっぱり会議した結果、どうしても今は緊急事態だから保護したほうがいいんだけど、みたいな。「それでも同意してくれる?」みたいな感じで、その時は校長先生も担任の先生もいて、「じゃ、お願いします」みたいな感じで行きました。（中略）（初めの保護に同意しなかったのは）怖くて。それで帰んなきゃいけない状況になったときに、「どうしよう」みたいな。帰んなきゃいけない状況になってしまったときが、もう最悪だなっていう。でも、このまま本当に帰りたくない、みたいな。で、帰りたくないほうが勝って、で、同意しました。

Gさんの語りから、虐待加害者からの報復という危険を回避するために、逆に危険のある家庭へ戻ることを選択していたことが分かる。

同意は、大人の領域ではごく自然なことであり、被虐待児の「参加」を保障しようとするときにも、その望ましさを全て否定することはできないだろう。(13) しかし、Gさんの語りから、被虐待児への介入を同意ベースにすると、逆に当人を危険にさらすことになったり、同意にストレスをかけることになる可能性も指摘できる。つまり、当然のことながら、暴力被害の対応においては、当事者の意向にかかわりなく危険であることを理由に介入する必要もある。

・参加からの退出

そして、時には、態度を保留し、判断や意思表明から距離を置きたいこともある。

Gさんは、親権停止等による強制措置ではなかったため、その後の分離措置をとるために保護者の同意が必要とされた。このとき、加害者である父親は「帰りたくないという言葉をG本人から直接聞きたい。G本人から聞けば、全てに同意する」と言い、Gさんはこの言葉に従うことになった。Gさんにとっては、「あれは本当につらかった」経験であった。

Gさん　お父さんがどうしても私の口から「帰りたくない」っていうのを聞きたかったらしいんですけど、一回会わなくなったらもう本当に会いたくなくて、もう本当に、本っ当に無理！　みたいな感じだったんですけど、〔児童福祉司に〕「そこは自分で言わなきゃ次に進まないから」みたいな感じで、「そういうけじめをつけなきゃいけない」みたいな〔と言われた〕。（中略）あれは本当につらかったですね、でも。あれは本当につらかったです。めっちゃつらかったです。もう全然言葉が出ないし、その状態で何分か、一時間か過ぎたのか分かんないですけど、進まないし、でも言わないと自分でも進まないっていうのは分かって言わなきゃいけないんだけど、なんも言えなくて、言った瞬間号泣でバーッてダッシュして。でも、まあよかったです。あれがなかったら進まなかったし。

筆者　そこで最後に言えたのは、その児童福祉司さんがいてくれたから？

Gさん　うんうんうん、絶対そうです。いなかったら、もう絶対その場所にもいれなかったです。無理、マジ無理です。（中略）すごいモヤモヤが残るのはしょうがないじゃないですか、それはもう。それで良かったのかなみたいな。これでお父さんと一生会わないかもしれない、でも本当のお父さんだしみたいな、それは思うことはあったけど、〔児童福祉司のその後のフォローが良かったので〕帰り道はそんなに「やっちゃったー」みたいな感じは全然なかったです。

Gさんは、保護者との対峙は「絶対その場にいられな」いほど「無理」な状況であったと言う。「一度会わなくなったらもう本当に会いたくな」いが、それを保護者に面と向かって言えば「一生会わないかもしれない」、その間の逡巡が、保護者と向き合う空間を「無理」な状況にしているようである。Gさんは、取り返しのつかないことをしてしまった感じはなかったと言うも、「モヤモヤが残るのはしょうがない」とも言う。

Eさんは、別の側面から戸惑いを教えてくれた。

Eさん　〔児童福祉司から〕「お母さん好きですか」って聞かれたときは、ちょっとそのときもいろいろ考えてたりして、すぐ答え出なくて、そういう質問にすごい困りました。嫌いな部分もあるっていうのもあって、でもあんま好き、よく自分でもわかんなくて、その気持ちが、そのときの気持ちがよく理解つかなくて、すごい困りましたね、聞かれたとき。

児童福祉司がこの質問をした意図は不明であるが、Eさんの語りからは、複雑な心境が読み取れる。立場の表明を保留したい対象が家族に限られるか否かは[14]、ケースが少なく判断できない。家族に対しては、「会いたくないと言い続けた」（Cさん）ケースもある。ただ、家族に対する評価の表明を迫られないことは、アメリカの被虐待児からも肯定的に語られている（Mudaly et al. 2006: 110 など）。被虐待児には、そっとしておいてほしいこともあり、参加が全てよきことではなく、参加から自由に退出できることも守られる必要がありそうだ。

・形式的な意見表明の機会は「面倒」

最後に、形式的な意見表明の機会は子ども本人にとってあまり意味がないことも語られた。定期的におこなわれる児相の里親宅訪問でのことである。

Bさん　なんか、私はしゃべんなくても、お母さん〔筆者注：同席している里母〕とかしゃべってくれるから。
Hさん　そうそう、お母さんとお父さん〔筆者注：里母と里父〕がね、結構べしゃべしゃしゃべってる。お母さんたちが話してるみたいな感じ。時々質問きたりとか。
筆者　それって、お父さんとお母さんが話してることは、「絶対違うよ」っていうことがそんなにないから、任せて代わりに話してもらっていう感じなのかな。
Kさん　ふふふ（笑）
筆者　そうでもない？
Iさん　そんなに〔そうでもない〕。しゃべんのが面倒くさいだけ。
一同　（笑）
筆者　話すのが面倒って……？
Iさん　単純なことしか言われないから、別に答える必要もないし。（中略）〔単純なこと〕しか、言われないよね。

Gさん　紙持ってて、それに沿ってしゃべるよね。

筆者　そうなんだ。リストみたいなやつですか？　これを聞いてくる、みたいな？

Jさん　聞くことリスト。

Bさん　表みたいなところに書いてあって、ここは埋めたいところで、〔それ〕なんでここは〔児相の必要に〕合わせて〔回答を〕ください、みたいな。でも聞かれることも、お母さんたちが分かってることを聞かれるからしゃべんなくていいんだよね。

Gさん　そうそうそう。

筆者　あぁ、なるほどね。例えばなんだけど、こういうこと聞かれたら自分が答えるしかないなみたいなのって、どんなことある……？

Bさん　私の場合だと、親との面会の回数とかかな。

Gさん　ママ〔筆者注：里母〕と行ってるからママ分かるんじゃない？

Bさん　いや、あのだからその、こっちの意思〔の面〕だから。面会、一年に一回絶対したいですかとか、二回したいですかとか、あんまりしたくないしとか、そういうのはお母さん分かんないから答えるしかないねっていう。

ここで「面倒」だと語られたのは、児相職員が「聞くことリスト」を元に尋ねたことへの回答である。支援者が聞きたいことを聞く形式の子どもの意見表明の機会には、アメリカの被虐待児も冷ややかな反応を示している（Mudaly et al. 2006: 104）。また、児相職員から聞かれることはふだん里親と話している内容であるため、子どもたちは里親に代弁を任せている。こうしたなかで積極的に発言するのは、自分しか知らない「こっちの意思」である。

Aさんもまた、形式的なやり取りには「何も話すことない。（中略）ワンパターンなんですよね、毎回、聞くことが」と言う。形式的か否かを分けるのは、「あなたに関心がありますよ、っていう態度なのかな」と言う。

（3）被虐待児の「参加」権経験

ここまでの被虐待児の声から、子どもの「参加」権をめぐる経験をまとめよう。

はじめに、低年齢であっても自分の意思で判断していたという意見が聞かれた。一方で、年齢が低くなれば人生経験も少なくなり、被虐待児は、被介入場面では特別な経験も多いことから、説明されても理解できないことが多いという。それは説明しなくてよいことを意味するのではなく、情報提供がなされ、分かりやすく説明してくれることが望まれている。それでも判断がつかないこともあるので、その時には信頼できる人に判断を委ねることもある。

「参加」から排除されることは否定的に経験されていたが、同意には注意が必要となる場面があった。また、形式的な参加機会は冷ややかに捉えられ、態度を留保しておきたい場合のあることも語られた。

被虐待児の「参加」権は、被虐待児の置かれた環境や周囲との関係性、語彙力や知識、性格、選好や判断等により、積極的な参加から自由な退出まで様々に経験されている。それは、支援者によって被虐待児の「参加」権が動的に扱われながら、被虐待児もまた、年齢や発達の程度によらず、自らの心身のサバイブのために、そうした（時にギリギリの）戦略をとっているようにみえる。

4. 被虐待児は「子どものため」をどのように経験しているか

それでは、支援者の「子どものため」を、被虐待児はどのように経験しているだろうか。

(1) 子どもの意見に優先しておこなわれる「子どものため」

前節でみたAさんの措置変更の経験は、乳児から施設で生活してきたAさんが、家庭の生活様式を知らないまま社会人になれば将来困るだろうと支援者が考え、里親家庭に措置したものであった。支援者は「Aさんのため」を思ってしたことだったが、Aさんが強い不信と消化できない時間を経験することになったことは、既にみたとおりである。

(2) 子どもの意見を最優先する「子どものため」

では、子どもの意見が最優先されれば、「子どものため」になるのか。前節でみたCさんの十五歳での措置解除について、Cさんの意思を通したことは「子どものため」ではなく「ぶん投げだ」とC

さんは言う。

Cさん　十五歳だったし施設で生活してるから、なんとでもなるだろうなって。社会に出たことが全くないまま出るわけだから、お金稼ぐのもラク、生活するのもきっとラクだろうとかって思ってたし。でも現実は絶対そうじゃないじゃん。十五歳で社会出て、保険って何みたいな感じだし、携帯電話契約できない、みたいな。（中略）奨学金って言われても、奨学金って何って感じだったから（中略）自分のレベルにあった、分かりやすい砕いた説明で教えてほしかったよね、〔情報〕提供してほしかった、いろんなことを。〔退所後の生活を〕応援してくれるのは有り難いけど、ぶん投げだよね。あとはあなたで頑張りなさい、みたいな。だからそれを止めるのも必要だったんじゃないかなって思う。今は別に後悔もしてないし、施設の先生にも感謝してるけど、もっと別の道ってあったのかなって思うときも、やっぱり今でもあるし。

家庭復帰の選択肢がなかったCさんは、児童養護施設への措置が解除されれば全ての支援を失うことになる。十五歳にとっても、放任されないことが「子どものため」だと言う。

（3）「子どものため」の情報統制

被虐待児に関する情報は、全てが提供されるわけではなく、取捨選択されている。その程度は支援者に依存する。

前述のEさんは、自分の意見が聴かれることより教えてほしいことがあると語った。また、時に保護者の情報が十分に提供されないことについて、Aさんは以下のように言う。

Aさん　私はどんなに小さくても説明してあげるのがいいなっていう考えなので。それで無駄な悩みを長年持っているぐらいだったら、そのときは傷つくかもしれないけど、早く教えてあげて区切りをつけさせてあげるのが大事かなあっていうのは、すごい思いますね。

情報がないことで、却って考えることや考える時間が増えていることは、Eさんからも聞かれた。Gさんもまた、「決まってないから言えないっていうのは分かるけど、ある程度安心させる情報を与えるのは大切かなって思います。じゃないと何も分からないし、負ですよね」と言う。一方で、「実際その子のためにはこっちの方がいいけど、〈情報提供することで〉『私はこっちがいい』って言って〈支援の方針が〉通らなかったら、話進まないじゃないですか。そういうこともあって言えないのかなって思って。そう考えると、やっぱその子には言わない方がその子のためだし、でもその子は知らないから不安になるし」とも言う。

情報がないことで被虐待児本人が不安になる、という主張は同じである。けれども、情報を伝えることで支援が進まなくなる可能性もあり、支援が滞ることは「子どものため」にならないのではないか、とも指摘する。

（4）「子どものため」は制度の終了とともに姿を消す

支援者は誰しも、被虐待児の「ため」を思って支援をしているだろう。だが、それが非常に悩ましいものであることは、これまでの被虐待児の声にも見たとおりである。ところが、これだけ懸命に考えてきた「子どものため」は、制度の終了とともに姿を消すことになる。

子どもの福祉を法的に保障する児童福祉法は、満十八歳までを対象とする。そのため、十八歳に達した後初めての三月を超えると、「子どものため」におこなった措置や関係性が継続できなくなることがある。[15] Gさんは良い里親に恵まれ、大学進学後も里親宅にいることを希望した。しかし、それはできないと言われた。

Gさん　えーって思いましたね。マジかーって。（中略）どうすればいいの、みたいな。「え、お母さんのところに私が帰るんだよ」みたいな、思いました。（中略）「里親も〔児童福祉司の〕〇〇さんも一気になくなっちゃうの」みたいな、無理ーって思いました。「こっから新たな問題が発生するところじゃん」みたいな。（中略）「私を置いていくの」みたいな。（中略）〔非加害親とされていた母からも実際には暴力があったので〕不安ですね。「こっからだよー」とか思って。「こっからもう一個〔新たな問題が〕出てくるのにー」って思いましたね。

Fさんもまた里親宅に残ることを希望したが、制度上できないと言われた。そこで、通勤寮に入ることになった。通勤寮入寮後も里親家族とは交流は続いているが、日々の何気ない精神的な支えからは引き離されることになった。

Gさんは結局実家には戻らず、一人暮らしを始めた。里親宅には変わらず出入りし、里親家族との交流が続いている。Gさんの考える「子どものため」は、こうして実現している。

5．被虐待児と家族

最後に、若干ではあるが、家族について語られたことを報告しておきたい。

(1) 親密な関係と生活の場の分離

加害者であった母親を好きか尋ねられ、返答に困惑した当時中学生のEさんは、自宅と里親宅とを次のように分けて考えていた。

Eさん　お母さんと会って、いろいろ話して、その後に自分が高校一年生になってから帰りたいっていうのもあります。（中略）今すぐ帰っても、ここで一回、塾とか行かせてもらってるので、でも帰ってお金がなくて塾行けなかったりとかで高校〔進学に〕に響いちゃうっていうのもあるので、ここでちゃんと高校行って、そこで高校一年生になったら家に帰る、みたいな感じがいいです。

里親宅で心理的虐待にあったDさんも、実家に戻れば経済的理由で高校を辞めなければならなくなるため、社会的養護に留まることを選択していた。自分の人生設計を考え、社会資源も考慮に入れて、家族との関係性と生活の場を分けて捉えていることが聞かれた。

(2) 家族からの脱出と家族の楔

児童虐待という現象は、家族からの脱出を可能にする。父親から身体的虐待を受けていたGさんは、みずから児相に助けを求めた。実際の一時保護には、恐怖から同意ができないこともあったが、最終的には家庭分離となり、里親委託を経て、一人暮らしに至った。心理的親には、担当児童福祉司と里親家族がいる。

だが、Gさんは、十八歳で制度が終了する際、里親宅に居続けたいと言うも、主たる加害者とされなかった親がいたために措置延長の申請は通らず、実家に帰るよう諭された。児童虐待による家庭分離という制度は、社会介入によって被虐待児の家族からの脱出を可能にするが、制度の終了とともに家族の楔が再び現れる。

6. おわりに

本章では、子どもの意見表明権／「参加」権の構成要素を検討し、児童虐待対応の文脈において、被虐待児の「参加」権の経験と「子どものため」の経験を、被虐待児の声から辿った。

(1) 被虐待児の経験から子どもの権利をどう理解していくか

被虐待児の経験から、子どもの権利はどのように理解できるだろうか。

子どもの意見表明権を含む子どもの権利については、その本質をめぐり、子どもの権利意思説、子どもの権利利益説、関係的権利説の三つの説が主張されてきた。意思説は、子どもの自己決定を中心とする子どもの意思を子どもの権利の本質とする説であり、利益説は、子どもの意思にかかわりなく同定される子どもの利益を子どもの権利の本質とするものである。これら二つの説は互いに相克するが、二〇〇〇年以降、さらに関係的権利説が提唱されるようになった。関係的権利説は、子どもと大人との共同性のなかで意思決定をおこなうことを子どもの権利の本質とするものである[16]。第三の説が他の二説と異なる点は、前二説が子どもと大人との共同を許容しないのに対し、関係的権利説はその共同を許容する点にある。

現在の議論においても、子どもの積極的な意見表明を重視する立場は意思説に立ち、「子どものため」を中心に考える立場は利益説を採っているといえよう。しかし、今回聞かれた声は、同意の逆機能を除き、概ね関係的権利説を支持しているようにみえる。

ただし、関係的権利説においても、従来ほとんど焦点化されてこなかった、消極的な関わりや関係の選択性も提案できる。

これまでの関係的権利説では、積極的な関係性が予定されきた。例えば、子どもの権利とは、子どもが大人に働きかけ、応答を引き出し、大人との関係を変更していく主体であることの承認であるとの解釈や（世取山 2003）、子どもは意見を聴かれたがっており、専門家は子どもとの対話のなかでその意見を取り上げるべきとの主張がなされてきた（Dept. of Health, UK 2015）。しかし、依存しながらの決定や参加からの自由な退出が子ども本人の利益になるとの語りからは、子どもの消極的な関わりによる関係的権利のあり方が示される。また、依存先の選択、家族との関係性と生活の場の分離、家族との関係性の清算と新たな関係性の構築・維持といった被虐待児の戦略からは、共同する大人に対する選択性もまた、子どもの関係的権利に含まれうるといえるかもしれない。

（2）「子どものため」とエイジェントとしての子ども

そして、「子どものため／利益」もまた、条約に規定された子どもの権利の一つである。ところが、「子どものため」が前面に出てくると、支援者と被虐待児の共同性には陰りが見える。「子どものため」は、子どもの意見に優先させても、子どもの意見を優先させても、それが「子どものため」になったり、ならなかったりする。なぜなら、「子どものため」は、支援者の視点から見える文脈に依存するだけでなく、被虐待児の主観による文脈にも依存し、どちらによっても可変的なものとして経験されるからである。「子どものため」は、被虐待児にとってもまた、自身と周囲・環境との関係、相互作用によって立ち現れる。

そして、「子どものため」の実現や、権利が事実上行使できるためには、資源が必要となる。今回の語りにおいては、被虐待児が選ぶ人が、被虐待児がもういいと言うまで実質的に伴走できることが求められたが、そのようなことは、子どもが指名する者の自由も考慮するとき、果たして可能なのか。期限付きの「子どものため」のなかで、被虐待児は資源の有限性にも気づいている。そうした環境において、被虐待児は参加「する」から「しない」までの間を行き来する。そして、支援者と被虐待児の認識する「子どものため」もまた、それぞれ揺れ動く。それぞれが動き続ける「参加」と「子どものため／利益」が交錯する「子ども」という存在において、「子どものため」をめぐる議論は、なかなかに複雑で難しい。

注

(1) 本稿は根岸（2015, 2018）の一部を大幅に修正したものである。初出は文末二〇〇ページの一覧を参照されたい。

(2) 現在施行されている「児童虐待の防止等に関する法律」は二〇〇〇年に制定されたもので、一九三三年の「児童虐待防止法」とは別の法律である。

(3) ケースの詳細は、広島県一時保護児童の死亡事案に関する検証会議（2021）を参照のこと。

(4) なお、「子どものため」、換言すれば「子どもの最善の利益」が動的であるとのCRCの見解は、児童虐待に限定しないものである。

(5) アメリカでは、福祉機関の自律性を阻害しないためと考えられている（野瀬 2003: 613）。

(6) 本調査は、首都大学東京（現：東京都立大学）研究安全倫理委員会の審査を経て、二〇一六年一月から同年五月の間に実施した。調査対象者の要望により、一部グループでおこなっている。虐待種別は本人の語りによるものであり、遺棄は児童虐待防止法の定義には含まれていないが、『子ども・若者白書』（内閣府 2015: 54）で児童虐待の一部として扱われていることから、ここでも含めている。なお、Bさんは被虐待児ではないため、グループインタビューで他の元被虐待児から賛同された内容のみ、取り上げている。また、調査対象者は家庭分離経験者のみで、児童相談所の対応件数の約七割を占める在宅支援経験者は含まれていないこと、乳児の扱いについて十分目配りできないことは、本稿の限界である。

（7）例えば、ケース対応を審査する州の特別委員会は、当事者と支援者との間の情報共有と対話が適切になされているかを審査することを目的とし、連邦法では、委員に当事者と同じ属性を持つ者を含めるよう求めている（CAPTA SecI, TitleI, Sec107）。連邦法に法的拘束力はないが、方針に従った場合には予算が配分される。

（8）なお、締約国にみられる制度については、CRC文書の検討においてカバーしている。

（9）「代理に関する権利」は権利条約第十二条二項に規定されている。また、第三の要素「進行中の行程」については、経験的適用において含む手続きとなる。本節の手続きの詳細と実際の経験的適用は根岸（2015, 2018）を参照のこと。

（10）意見形成に関する年齢は、被虐待児本人が初めて措置された年齢とリンクしている可能性がある。インタビューではははっきりとは語られなかったものの、高校生で初めて児相と関わり措置を経験した被虐待児は、高校生を判断可能な年齢と認識し、中学生で初めて措置を経験した被虐待児は中学生を、幼児であれば幼児を判断可能な年齢と認識しているように見受けられた。

（11）「将来の同意」の理論的な問題点は、大江（2003）を参照のこと。

（12）情報が欲しいという声は全てのインタビュー対象者から聞かれた。

（13）例えば、AさんやEさんは、同意していない措置先に決定されたことで、児童福祉司に不信感を抱いたり、不満を抱えた数年間を送るなどしていた。子どもを対象とする同意の功罪については、大江（2003）が整理している。

（14）家族以外の、生活の場や進路といった要素は、被虐待児が制度の適用内にいる限り、そもそも態度や判断を保留できる性質のものではないため、保留させてもらえないともいえそうだ。

（15）里親や児童養護施設等の社会的養護にある子どもたちは、原則十八歳に達した最初の三月までを措置期間の上限とし、就学等の理由がある場合に二十二歳まで措置延長が可能である。なお、二〇二二年六月に改正児童福祉法が成立し、都道府県が子どもの意見等を踏まえ、自立に向けた支援が必要と判断する場合には、年齢制限が撤廃されることになった。二〇二四年より施行される。ただし、年齢によらない措置延長は都道府県が認める間のみであり、制度に終わりがあることに変わりはない。

(16) 関係的権利論はMinowが提唱したものであるが、世取山（2003）や大江（2004）によって、子どもの「参加」の基礎付けとして更に精緻化されている。

文献

Committee on the Rights of the Child, 2009, *General Comment No.12 (2009), The Right of the Child to Be Heard,* United Nations.

————, 2013, *General Comment No.14 (2013) on the Right of the Child to Have His or Her Best Interests Taken as a Primary Consideration (art.3, para.1),* United Nations.

Dept. of Health, UK, 2015, *Working together to Safeguard Children: A Guide to Inter-Agency Working to Safeguard and Promote the Welfare of Children.*

広島県一時保護児童の死亡事案に関する検証会議　2021　『児童死亡事案に関する検証報告書』（https://www.pref.hiroshima.lg.jp/uploaded/attachment/435613.pdf）（2022/1/7アクセス）

Hort, Olsson S., 1997, "Toward a Deserialization of Swedish Child Welfare Policy and Practice," Neil Gilbert ed., *Combatting Child Abuse: International Perspectives and Trends,* Oxford University Press.

柏女霊峰　2019　「子どもの最善の利益」『淑徳大学研究紀要（総合福祉学部・コミュニティ政策学部）』53: 1–20

McMullen, Judith G., 1992, "Privacy, Family Autonomy, and the Maltreated Child," *Marquette Law Review,* 75(3): 569–598.

Mudaly, Neerosh & Goddard, Chris, 2006, *The Truth is Longer Than a Lie: Children's Experiences of Abuse and Professional Interventions,* Jessica Kingsley Publishers.

内閣府　2015　『子ども・若者白書（全体版）』（https://www8.cao.go.jp/youth/whitepaper/h27honpen/pdf index.html）（2022/1/6アクセス）

中川明　1999　「子どもの意見表明権と表現の自由に関する一考察——いわゆる『ゲルニカ訴訟』の『意見書』から」

『北大法学論集』50(2)：235-253
野瀬綾子　2003「児童虐待当事者の権利擁護と福祉サービスの管理（一）アメリカの児童保護システムからの示唆」『民商法雑誌』128(4·5)：607-645
大江洋　2003「子どもにおけるパターナリズム問題」『人文研究』72: 15-37
――　2004『関係的権利論――子どもの権利から権利の再構成へ』勁草書房
世取山洋介　2003「子どもの意見表明権のVygotsky心理学に基づく存在論的正当化とその法的含意」『法政理論』36(1)：123-177
内田良　2007「支援は誰のためか――児童虐待の防止活動から臨床教育社会学の立場を考える」『愛知教育大学教育実践総合センター紀要』10: 269-276

初出一覧

根岸弓　2015「児童虐待対応制度の評価指標の構築と経験的適用の国際比較からみえる日本の制度的特徴」『社会福祉学』56(3)：29-43

根岸弓　2018『日本の被虐待児の福祉に資する児童虐待対応法制度の構想――評価指標の構築および制度構想に対する理論的・経験的検討』博士学位論文、首都大学東京

終章　家族変動と子どもをめぐる複雑さ

野辺陽子

各章で具体的な事例を通じて、子どものリアリティとポリティクス、それらが示唆する現在の社会状況について論じてきた。終章である本章では、各章の知見から、①子どもは現在の家族の個人化（親の個人化）をどのように経験しているのか、②自身の準主体化をどのように経験しているのか、③「子どものため」の制度・実践・価値観をどのように経験しているのか、という問いについて議論を整理していきたい。さらに、家族の個人化のもとに議論されてきた多様な親子関係・ケアの議論について、各章から得られた知見だけではなく関連する研究を横断的に参照することで、子どもの位置性 positionality から新たな論点を提起する。最後に家族と子どもをめぐる現在の変動について見取り図を示してみたい。

1. 個人化と子ども

本書序章で既述したとおり、個人化とは、社会の基本的な条件により、個人は選択する人生を許され／強いられ、選択と調整の結果が失敗すれば個人の責任となるような「全体社会に基づく構造原理」（Beck & Beck-Gernsheim 2002=2022: 275）を指す。「家族の個人化」の議論においては、家族が選択と交渉の対象となることから子どもの存在が一つの論点となってきたが、子ども本人に照準した理論的・経験的研究が不足していた。本書はこの空白地帯を埋め、子どもを含めた家族の個人化の議論を前進させることを目指してきた。

（1）親の個人化と子どもの葛藤

子どもは親の個人化[1]をどのように経験しているのだろうか。親の選択とその結果生じた家族関係・親子関係（の変化）について、子どもの経験と意見は多様であった（ありえた）（本書第2章・第3章）。そして、親の利益・意向と子どもの利益・意向が合致しない場合には、子どもが葛藤を抱えるケースもあった。では、葛藤を抱えた子どもはどのように対処したのだろうか。

家族内外のミクロな場面については、親に対しては、気遣ったり／ケアしたり（林 2016; 松村 2020）、何も聞かなかったり／聞けなかったり、家族規範を逆手にとって要求を通したり（野辺

2018)、(成人していれば)親から離れるため家を出たりしていた(石塚 2021)。他者に対しては周囲の家族イメージをかき乱さないようにしたり(本村 2011)、家族イメージを修正したりしていた(土屋 2002)。また、自己の葛藤については新しい家族(生殖家族)を形成する・「普通に」生きていく(田中 2009)ことで対処していた。

本書の第2章、第3章ではよりマクロな公的空間での子どもの声とその社会での扱われ方を検討した。離婚の事例では、子どもの訴えはその当時の社会的な合意・主流の価値観に沿わない場合、否定されたり受け流されたりすることが多いこと、両親の夫婦問題に関して子どもは当事者化されながら非当事者化されていること、そのことによって現代の子ども特有の葛藤が生じていることなどが指摘された(第2章)。「第三者」の事例では、子ども当事者の語りには、親子関係の非対称性やバイアスが強く働いていること、特に未成年の語りの場合は親の強い影響が想定されること、子どもの語りは生殖ビジネスの新たな顧客獲得に動員されていることなどが指摘された(第3章)。

子どもの権利条約は、子どもが自分に関する事柄について語ることを法的に後押しした。近年では、子どもは「社会の対等な構成員として大人と話し合い、議論し、相互理解を深める存在」(二宮 2022a: 19)と主張されるようになってきている。序章で論じたように、民法や児童福祉法は部分的ではあるが子どもの意見表明権を保障する方向に改正を行い、成人した子ども自身が「子どもの権利」を訴える当事者運動も顕在化してきている。しかし、法制度上の動きとメディアなどの言説上の動きが連動して変化しているとも限らず、私的な場はもとより、公的な場で発せられる子どもの声も無視されたり、取捨選択して聴かれたり、別の目的(親の運動や支援者の運動など)に動員されたりもしていた（第2章・第3章）[2]。家族の個人化に関連する議論は子どもを「交渉する」アクターとして捉えるようになってきたが、このような子どもの交渉をめぐるさまざまなポリティクスについては十分に論じてこなかったといえる。

(2) 制度化された子どもの準主体化

次に子どもの「準主体化」の経験をみてみよう。家庭裁判所や児童相談所が関与するような家族に関する「トラブル」が起こったとき、制度内で子どもは大人とは異なる主体として「準主体」化され、意見表明権という権利の行使を許される／迫られるようになる。

しかし、権利を行使する前の段階で、子どもは、専門家など大人の裁量により、自己の利益について意見表明する能力のある主体とみなされたり、自己の利益について考える十分な能力がないとみなされたりしていた。また、意見を明確に表明する「強い」参加ではなく、信頼できる大人に判断を委ねたり、態度を留保したりするなど「弱い」参加を求めている場合もあった（第5章）。

子どもが自身に関係する事柄について意見表明しても、最終的な判断は専門家が行なうため、大人ならば課せられる可能性のある「自己決定＝自己責任」という圧力が子どもに課せられるわけではない。しかし、誰が決定を行っても、子どもに「その後」起こることは、その子ども自身が負わなくてはならない。制度内で子どもに意見表明権が付与される一方で、子どもの生活を支える法律上の権利や経済的支援などの制度がほとんどないため、子どもは「制度化された自己決定なき自己責任」という状況に置かれているのではないか。

（3）子どもの保護とケアの社会化

家族の個人化をめぐる議論では、家族が個人化した後に、常に適切な養育者を確保すること、子どもを安定的なケア関係のなかに置くこと、複雑な家族関係・経験が子どもにとってスティグマにならないようにすることなどが課題として指摘されてきた（広田 2002: 260; 広田 2006: 23; 山田 2004: 352）。

養育者やケア関係に問題がある場合は、子どもは保護され、当座の生活の場として児童養護施設での生活などが確保される。しかし、生活の流動性や不安定さ、経済的な脆弱性に起因する問題を抱えることや平均的な家族像から外れることに起因するスティグマを負うことなどが指摘されてきた。さらにそこでは施設というスティグマが子どもの施設内の人間関係（仲間）形成を促進させる一方で、新規の人間関係（友人）構築を困難にするという課題も生じさせていた（第4章）。

家族以外の場で子どもが育つことが標準化されていれば、子どもの育ちは親・養育者の人生に左右されず、家族・養育環境によって子どもがスティグマを付与されることはほとんどないだろう（第1章）。しかし、現状、子どものケアはそのようには社会化されていない（また、ひとびとがそれを望むかどうかもわからない）。日本の児童福祉は、家族が子どもを養育し、それを補完的に支援するという考え方に基づいており、子どものケアの社会化は（特に乳幼児などの年少の子どもの）保育を中心に行われ、家族が子どもを養育できない場合に子どもを家族から離して保護する施策（社会的養護）を行っており、子どもを直接支援する視点が弱い（森田 2014: 20）。また、社会的養護は行政の措置であるため、子どもが養育環境を選択できるわけでもない（第4章）。子どもは親の親権に服さなければならず、子どもが不適切・不本意なケアから逃れようとしても安心・安全に過ごせる場所が他になく（家出して見つかれば親権者のもとに帰される）、現代の社会では子どもが経済的に自立するのも困難である。

養育者が去ることで子どもなど構造的弱者が保護を受けられなくなる個人化の負の可能性を抑えるためには、ケア機能の脱家族化（≒社会化）が必要であるという指摘がある（阪井 2012）。今後も親の個人化が進行するならば、上述したような最後の受け皿として子どもを保護するのみならず、より普遍的な子どものケアの社会化を構想する必要もあるだろう。

社会学者のバウマンは、自己主張の権利と、自己主張が実行可能であるか非現実的であるかを決める社会環境を統制する能力との間にある大きな隔たりこそが、「第二のモダニティ」の中心的な矛盾であると指摘する（Beck & Beck-Gernsheim 2002=2022: xxiv）。

個人化のうち女性の個人化については、教育・職業・家族周期・法制度の変化によって女性は家族の支配から部分的に解放され、自己実現が許された／強制された一方で、女性の自己実現を支える制度的支援は不十分であるため、結果としてそのギャップを女性が調整し責任をとることを迫られていると指摘されてきた（Beck & Beck-Gernsheim 2002=2022: 150-4）。

子どもの場合も、「子どもの権利」のスローガンのもとに、子どもに声を上げさせる雰囲気が高まり、民法や児童福祉法などの制度によって部分的に意見表明権が具現化された一方で、実際には親・

大人との非対称な関係が厳然としてあり、子どもの選好や意向を実現する資源や制度もほとんどないため、子どもはニーズを抑えたり、「決定」のその後を負ったりしている。大人の個人化と同じではないが、子どもにも個人化と類似の現象が一部で起こりつつある。これが今「子どもに起こっていること」ではないだろうか。

2. 新たな論点①——親子関係

ここからは、各章から得られた知見だけではなく関連する研究も参照し、子どもの位置性から新たな論点を提起してみたい。まず、多様な親子関係に関して、親・養育者を対象とした研究のみ、あるいは子どもを対象とした研究のみを見ていてわからない論点について提示する。

第二の近代における個人化では、近代家族は支配的な家族モデルではなく多様な家族のひとつ、また、自明性は失ったが構造的には存在し続ける「ゾンビカテゴリー」となり（Beck & Beck-Gernsheim 2002=2022: 343）、近代家族は個人の選択と経験を通してのみ影響力を持つと指摘されていた（Beck & Beck-Gernsheim 2002=2022: 45）。なお、ベックは日本における近代化の発展経路について、「前近代、第一の近代、第二の近代が、絡まり合いながら並存している」と解釈しており（ベック 2011b: 252）、実際、日本における多様な親子関係に関する質的研究では、親・養育者であれ、子どもであれ、近代家族を標準とした諸制度や家族規範によって社会経済的困難や「ふつう」ではないという感覚から生じる心理的葛藤を抱くことがさまざまな先行研究で指摘されてきた。このことから、日本では近代家族は多様な家族のひとつではなく、いまだひとびとに参照される最上位の家族規範として大きな影響力を持っていると考えられる（野辺 2020: 61）。

家族規範は多様な親子関係を生きる親・養育者、子どもに葛藤を生じさせているため、問題解決のために家族規範の相対化が主張され続けてきた。しかし、繰り返し家族規範の相対化が主張されることは、逆説的にいかに家族規範が根強いかを浮かび上がらせる。では、なぜ家族規範は根強いのだろうか。

(1) 位置性による家族規範の影響の違い

家族規範の根強さの要因として、第一にその影響の複雑さが考えられる。家族規範はさまざまな構成要素から成り立っており、当事者が生きる家族・養育環境の構造・機能によって葛藤のもととなる家族規範の構成要素が異なる（野辺 2016; 2020）。例えば、ひとり親家庭では「ふたり親であるべき」という規範が葛藤のもととなり、養子縁組家族では「親子間には血縁があるべき」という規範が葛藤のもととなる。しかし、ひとり親家庭では同居親と子の間には（多くの場合）血縁はあるため、「血縁があるべき」という規範は意識されず、特に特別養子縁組家族では（法律婚の夫婦が養親の条件なので、多くの場合）親は二人いるため、「ふたり親であるべき」という規範は意識されない。また、家族仲が悪い場合は愛情規範が葛藤のもとになるかもしれないが、家族仲が良い場合はこの規範は意識されないだろう。

このように多様な親子関係は、従来の家族規範（≒近代家族規範）が葛藤のもとになるという点では共通しても、実は家族・養育環境の構造・機能によって葛藤のもととなる構成要素がそれぞれ異なる面もあるため、構成要素の相対化を求める互いの主張が場合によっては相殺しあうことも考えられる。

　さらに、本書の事例などから新たに浮かび上がってきたことは、親・養育者と子の位置性の違い（関係形成の選択可能性／選択不可能性、準拠集団など）によって家族規範の影響が異なることである。例えば、「第三者」の精子提供の事例では、親の片方と子どもとの間に遺伝的な関係がないことは親と子どもの両方に影響を及ぼすが、親は「子どもがいない状態は普通でない、辛い」（石塚 2021: 42）と考え、精子提供を用いて子どもをもち、子どもが生まれた後は「いつどのように子どもに真実告知を行うか」「家族以外の誰に真実を話すか。また、告知後に子どもが勝手に話してしまわないか」（出口 2021: 37）ということが悩みとなると指摘される。一方で、子どものなかには「一度人から切り離された精子というモノが自分の出生に関わっているという違和感」は「告知が行われ、提供者情報が保障されたとしても解決されない」（石塚 2021: 42）と主張し、親の葛藤と子どもの葛藤が異なることを主張する者もいる。

　家族機能に関する規範のうち愛情規範[3]については、親（特に母親）は「子どもを愛せない」こと、子どもは「母親からすらも愛されない」ことで葛藤を抱えることが指摘されてきた（信田 2008: 171; 大日向 2015: 5）。しかし、親については愛情規範が性別役割分業と結びつくことで、母親がケアの責任主体となり過重な負担を負うこと（宮坂 2022: 17）や、愛情を通じて子どもを支配する（土屋

2002: 147）ことも指摘されており、親と子どもでは規範の効果が異なる部分もある。
このように、当事者が生きる家族・養育環境の構造・機能の違いに加えて、親・養育者の立場なのか／子どもの立場なのかによって規範の影響が異なり、時に主張が対立するため（ある立場で相対化したい規範は、他の立場では守りたい規範）、規範の相対化を難しくしているのではないか。

（2）規範を相対化する困難

家族規範の根強さの要因として、第二に、それぞれの当事者が自らを苦しめている規範を相対化することは実は容易ではないことがあげられる。なぜなら、当事者は規範へ抵抗するだけではなく、しばしば同調することを、親・養育者の立場であっても子どもの立場であっても求めるからだ。

例えば、「第三者」の精子提供の事例では、親は「子どものいるカップル」「子育てしている大人」を準拠集団とし、自らが形成する親子関係はカップルの片方と子どもとの間に遺伝的つながりがないため、「子どもは親子双方との遺伝的なつながりがあるべき」という規範は相対化したいかもしれない（規範への抵抗）。しかし、「子どもがいない・できない」状況を積極的に肯定するのではなく、「子どもがいる」状態への移行を強く望んだことから、「子どもがいるべき」という規範には（意図はともかく結果的には）同調しているといえる。そのような「第三者」を希望する親に対して、カップル間で「子どものいる人生」を当たり前のように選べる（ようにみえる）他者が、「第三者」の当事者に「子どものいない人生」の受容を迫ることは、彼／彼女らからみれば「マジョリティ特権」と映るかもしれない。

一方、精子提供で生まれた当事者の語りをみると、彼女らは「自然出産で生まれ、遺伝的な親から育てられている子ども」を準拠集団としているのではないか。そのため親は親の準拠集団（「カップル間の子どもがいる」人たち）内ではマイノリティであるが、子どもからみれば親自身が「第三者」によって生まれていない限り、親はマジョリティ（親はその両親と遺伝的なつながりを「当たり前」のように持っている）と映るのではないか。そのため、「第三者」で生まれていない親が子どもに「第三者」で生まれたことを受容するよう迫る態度は、子どもにとっては親の「マジョリティ特権」と映るのかもしれない。このように親と子に対する規範の影響の違いを考えると、親子間の葛藤を考える際には位置性と同時に「交差性」という視点も必要だろう。[4]

また、家族機能に関する規範、具体的には「親が子どものケアを行っていること」（＝「近代家族の自助原則」）や「親が子どもに愛情を持っていること」（＝「近代家族の愛情原則」）は相対化が難しいと指摘されるが（志田 2021: 261）、これは現代の社会で完全な相対化は社会にとっても個人にとっても受容しがたいからではないか。「親子に愛情があるべき」という規範は時として抑圧となるが、「子どもを愛さなくてよい」とまで断言できるかは難しい。母性愛規範を批判してきた心理学者の大日向雅美も「子どものすこやかな成長発達に豊かな愛情が注がれなければならないという必要性は否定すべくもない」（大日向 2015: 20）、「子どもを愛する努力までも放棄しようとする母親が、昨今一部にみられる。母性愛神話の解放のむずかしさを示すもの」（大日向 2002: 49）と愛情規範の相対化の難しさを語っている。

もうひとつは、愛情やケアが多様な親子関係の正当性を示す根拠として示されるからである。構造ではなく機能を強調する家族の「柔軟な」定義は、たいていの場合、家族成員としての特権から締め出されていると感じている人びとによって提起される（Cheal 2002=2006: 13）。従来の家族の定義から排除されている関係性を家族法に包摂するため、最近では、家族（的関係）は「婚姻と血縁によって成り立つ関係」ではなく「当事者や関係者の意思に基づいてケアを担う関係」（二宮 2022b: 343）だという新たな親密圏の定義が主張されている。

家族構造が固定化されている（ようにみえた）時には（特に女性の）家族成員に対する抑圧の原因として相対化の対象だった家族の愛情やケアは、構造が不安定化してきた現在では、他の人間関係と親密圏を差異化するメルクマールとして主張されているようだ。成員間に愛情がありケアが行われていれば、親密圏の形は何でもよいのだ（二宮 2022b: 358）。愛情とケアすらなくなったら、親密圏と通常の人間関係とを区別する指標がなくなると考えられているため、これらの規範は相対化が難しくなるのではないか。

このような近年の親密圏の定義をめぐる動きや親子間の位置性の違いや「交差性」が家族規範の相対化をさまざまな面で難しくしていると考えられる。

(3) 葛藤を抑制するレトリックと言説

最後に指摘したいことは、位置性の違いなどによって親と子の間に葛藤が発生しても、これを抑制するレトリックや言説があることだ。

レトリックについては、「親のため」が「子どものため」にもなるというレトリックがある。

例えばメディアの言説（『読売新聞』の身の上相談）では、離婚の際に親が「自分のため」を考えること自体が子どもの利益にもなるというレトリックが用いられ（野田 2008: 56）、法言説では、特別養子制度の立法の議論の際に、実子入籍の合法化は「親の希望を満たすと同時に、他方では子どもの保護にもなり得る」（我妻ほか 1959: 3）というレトリックが用いられた（野辺 2018）。

言説については、親に対しては「子どもがかわいそう」、子どもに対しては「親がかわいそう」という言説の存在が指摘されている。

例えば、読売新聞の身の上相談の分析を行った野田（2008）は、離婚言説においては、親自身の欲求を子どもの利益の下位に位置づけ棄却する指向性が存在し、離婚の否定も肯定も「子どものため」になるという前提のもとにしか語られない限界があると指摘している（野田 2008: 56-7）。

一方、子どもについても同様の言説がある。近代家族のなかで閉鎖的に生きる子どもにとって、親はすべてに優先する圧倒的な存在となり、親は他の何ものにも代え難い愛情の対象でなければならなくなった（小玉 1996: 290）。近代の親子関係においては、「子どもは親を最も愛さなければならない」「子ども自身による親に対する告発は回避されねばならない」（小玉 1996: 291）のだ。

例えば、精子提供で生まれた子どもは「悩みのなかには、親に対する否定的な思いも含まれています。親に対しそうした思いを持ってしまうことに罪悪感を感じ、しかしそのような感情を捨てることもできず、その板挟みに苦しんでいたのですが、親への批判を口にした途端、周囲からはそれを非難されることが何度もあり、悩むこと自体がいけないことであるかのように感じてしまっていました」（石塚 2021: 39）と述べている。

今まで親に対する「子どもがかわいそう」という言説の抑圧性は指摘されてきた。一方、子どもに対して発せられる「親がかわいそう」「親を理解しろ」という言説の抑圧性についてはあまり指摘されてこなかったのではないか。

このように、親と子どもそれぞれに対する「子どものことを考えろ」「親のことを考えろ」という言説が存在する状況をみると、親子関係の相対化には閾値があるのではないだろうか。換言すれば、子どもの権利を重視し、親子一体視を相対化する個人化のアクセルとなる言説が存在すると同時に、それらを収める個人化のブレーキとなる言説もまた存在しているということだ。

3．新たな論点②――ケア

次に家族の個人化、特に家族の本質的個人化（山田 2004: 346）と子どものケアについて子どもの位置性から考えてみたい。

個人の選択の結果、ケア関係が不安定化すればケアの受け手が不利益を被るため、ケアの受け手のなかでも子どもの存在は家族の個人化を押しとどめると指摘され（広田 2002: 260; 野田 2008: 57）、さらに、家族の個人化後に子どもをどう安定的なケア関係のなかに置くかが課題となってきた（広田 2002: 260; 広田 2006: 23; 山田 2004: 352）。このように家族の個人化とケアはおおむね対立するもの、両立困難なものとして把握されてきた。

この両立困難をめぐっては、①子どものケアを社会で引き受ける「ケアの脱家族化」が進めば両立可能だという主張があり（阪井 2012）、②一方で、両立困難であるからこそ、家族として保護する範囲からすでに個人化している成人（≠自律的な個人）の性的関係（≠ケア関係）を排除し、「依存的な他者とそれをケアする者との関係」のみを家族として定義し保護するべきという主張もある（上野 2009）。③さらに、これらケアの脱家族化と再家族化の主張の間で「家族と社会的、公的な支援が連携してケアを適切に分担する」（二宮 2022b: 344）ケアの社会的分有も主張されている。

ここではケアの受け手である子どもの立場からこれらの議論を検証してみたい。[5] その際には、本書の第2章〜第5章でみてきたように、子どもが親子関係・ケア関係について親・養育者や支援者とは異なる意見や選好を持つ場合があること考慮する。そして、子どもの立場を考慮に入れると、ケアを考える営みのなかから、ケアとは両立困難であると把握されてきた個人化の議論が逆説的に立ち上がってしまう（「ケアの個人化」とも呼べるような）「ねじれ」について考えてみたい。

なお、本書で念頭においている「子どものケア」とは、保育などケアの与え手を支援するようなものではなく、元の養育者（≠親）のケアが不安定もしくは機能していないため、他の関係・場で代替されている子どものケアである。なぜなら、家族の本質的個人化で問題となるケアの不在は、保育で対応できるような範囲ではなく、ケアの与え手自体がいなくなるようなケースだからだ。

（1）ケアの脱家族化と家族の（脱）特権化

親などの養育者に去られる子どものことを考えると、親子関係に関しては個人化が困難であると考えられてきた（上野 2009: 7）。しかし、家族の選択不可能、解消困難性を前提とせず、家族構造の内部で担うべきとされる家族機能を家族外でも担えると考えれば、子どもの存在を念頭にいれても家族は個人化できるし、さらにそれは家族成員が抑圧や権力に忍従しなくてもすむという意味で家族の「民主化」につながるという主張もある（阪井 2012: 44-6）。この点について親・養育者と子どもそれぞれの立場から考えてみたい。

まず、身体的ケアの外部化自体は可能だろう。代替不可能だと思われている乳幼児の「母乳育児ですら、乳母や里親によって代替可能」（上野 2011: 139）だからだ。しかし、親子関係の選択不可能性や解消困難性については異なる。選択不可能性については、親は「子どもを生む／生まない」ことを選べるが、子どもは「生まれる／生まれない」ことを選べないという原理的な選択不可能性がある。また、解消困難性については、現行の法制度のもとでは実親子関係を解消することは原則的に不可能である。成人間の結婚・離婚・再婚は当事者の合意で自由に行えるが、実親子関係は当事者の合意で自由に形成したり解消したりすることは法律上できない。[6] また、子どもは家庭外に安心・安全に生活するところがなければ、親から離れたいという願望を抑えるしかない。

親子関係を個人化の例外として特権化せず、親子関係もいつでも解消されうるなら、放棄された子どもに受け皿としてのケア（社会的養護）を用意するだけでは不十分だろう。そこで生きる子どもがスティグマ化されうるからだ（第4章）。子どもも抑圧や権力に忍従せず、親の意向に人生が左右されないようにするためにはケア機能の外部化をさらに拡張し、「未成年の子どもを親が育てる近代家族モデル」自体を相対化し、「乳幼児や学齢児も親から自立し、育つ費用を自己所有、育つ人的環境を自己選択しうる主体として位置づけ」（山根 1999: 250）るような「子どもの個人化」の議論が（実現可能性はともかく）少なくとも論理的にはひとつの方向性として導かれてくる。このように、親子一体視を相対化し、子ども独自の人格を認めると、親の個人化に反応して子どもの自由と選択を認める「子どもの個人化」の議論も立ちあがることになる。[7]

（2）ケア関係の特権化と望まないケアからの退出

ケアの脱家族化とは異なり、依存的な他者とのケア関係を「家族」として特権的に保護するべきだという議論もある。この議論は二つの流れから提起されている。ひとつは、①すでに個人化している成人の性的関係については個人間の契約で対応できるため、家族法で特権的に保護する必要はなく、依存的な他者とのケア関係こそ特権的に保護するべきという議論であり（上野 2009: 11）、もうひとつは、②（ネオ）リベラリズムの「自律的な個人による契約」を基礎とする社会関係に対して、「母子の関係性に典型的にみられるような、他者尊重のあり方、他者のニーズへの応答のあり方によって紡がれる関係性」（岡野 2015: 45）を評価し、その保護を求めるケアの倫理の議論である。

これらの二つの議論はともに、依存的な他者をケアすることで「二次的依存」に陥っているケアの与え手を保護し、ケアという行為の価値を評価することを主張している（岡野 2015: 49）。

一方、ケアの受け手については、子どもなど自律していない（とみなされている）個人が「具体的な関係性を取り結べない状態で」「放置されたまま」（岡野 2015: 48）にされることを避け、自己決定が難しい個人の権利擁護（利益代弁）をケアの与え手が行なうことなどが、ケア関係を特権化する際の受け手側の利点として主張される（上野 2009: 21）。

しかし、ケア関係はどのような間柄で行おうとも、どのような場で行おうとも「非対称な相互関係」（上野 2009: 17）であり、虐待の温床となる関係性でもある。虐待は実家庭でも里親でも施設でも実際に起こっており、権利擁護（代弁）する者が虐待者となる可能性すらある（三井 2018: 83）。

そこで、上野千鶴子は、「ケアの人権アプローチ」を提唱する。与え手には「ケアする権利」「ケアすることを強制されない権利」を、受け手には「ケアされる権利」「ケアされることを強制されない権利」（上野 2009: 18）を提示し、「ケアを受ける権利」は「不適切なケアを受けることを強制されない権利」をともなわない限り、保障されているとはいえないとする（上野 2009: 21）。

ケアの与え手・受け手双方が望まないケアを強制されないことを「人権」として主張しようとするならば、ケア関係の特権化を主張するケアの倫理の議論が批判対象としていた「自律的な個人」「自己決定」「権利」などのリベラリズムの「正義の倫理」が召還され、ケア関係も選択可能性や解消可能性に開かれていくことになる。[8]

（3）ケアの社会的分有におけるケアの受け手の選択

最後にケアの社会的分有について考えてみたい。子どものケアの社会化を考える際、施設か／家庭かというケアの場や、複数か／単数かというケアの与え手の人数などについては議論が蓄積されてきた（野辺 2016: 185）。一方、ケアの社会的分有において、ケアの受け手である子どもがケアの与え手を選択するという論点についてはあまり議論されてこなかったのではないか。子どもは家族・親を選べないのと同様に、多くの場合、ケアの場・ケアの与え手を自由に選択できることできない。しかし、第5章の被虐待児の事例では、被虐待児のなかには自分が望む支援者に望む期間、支援を受けることを求める者もいた。

ケアの経験的研究においては、「自己決定」さえあればケアがうまくいくわけではないが、「自己決定」はやはり重要だと指摘されている。なぜなら、「自己決定」する際に、選択肢を十分に把握できなかったり、選択を迫られて平常の精神状態でいられなかったりすることがあるため、受け手の「自己決定」に任せておけばケアがうまくいくわけではないが、受け手の「生活の質」に注目するなら、受け手が希望しない参加を「強制」することはできないため、受け手の意思に注目する必要があるからだ（三井 2018: 11-2）。

子どもがケアを受ける場合も、保護（供給・世話）という意味でケアを与えるのみならず、「自己決定」の基盤となる自律（自由・解放）も保障する必要があるだろう。一方で、保護がない状態で子どもに自律を要求するなら、それはケアの放棄にもつながりかねない。そのため、子どもの保護と自律をいかに調整し最適化するかが課題となる（大江 2022: 286）。

ここまで論じてきたことに共通することは、親の「自己決定」や「選択」に左右されないように子どもの育ちを保障しようとするとき、親の個人化に対抗／連動して析出されてくる「子どもの個人化」の議論であり、望まないケア関係を強制されないようにすると、メビウスの輪のように召還されてくる「自己決定」や「選択」の議論である。

しかし、本書の各章でみてきたように、子どもも家族関係やケア関係において権利を主張するようになり、親・養育者の権利と対立すれば、子どもの主張は無効化される場合もある（親の主張が無効化される場合ももちろんある）。さらに、子どもの選択を支える資源や制度が不十分であれば、子どもは選択の「その後」を引き受けなければならない。また、そもそも選択自体に負担やリスクが伴う。そのため、子どもの人生を保障するための試みが、場合によっては逆説的に子どもの人生を危うくしてしまう可能性すらある。このような個人化の両義性に対する議論は今後は子どもに関しても行なっていく必要があるだろう

4. 家族の再編と「子ども」の構築

本書では、子どもに焦点をあてて家族の個人化の議論を検討し、子どもに注目して多様な親子関係やケアに関する新たな論点を提起してきた。本章の最後に今までの議論をさらに抽象的なレベルから俯瞰してみたい。

個人化の圧力によって、社会のさまざまな分野において伝統からの脱埋め込みと同時に、再埋め込みも生じるといわれる。家族においては、社会保障機能の脱家族化と再家族化が同時に生じていると分析されている（ベック 2011a: 30–1）。例えば、再家族化については、政府は「新しい家族」を法的に承認することによって、社会保障負担を「新しい家族」に負わせ、同時により大きな徴税力と統制

力を手に入れ、脱家族化については、個人は社会保障制度などにより、家族から（完全ではないにせよ）解放されて生きていくことが可能になったと指摘される（ベック 2011a: 31; Cheal 2002=2006: 9）。一方、家族から解放された個人は労働市場に従属するようになる。そして、労働市場に拘束されているにもかかわらず、個人化の文化によって、個人は自己コントロールや「自分自身の人生」への欲求を発達させる（Beck & Beck-Gernsheim 2002 2022: 342-3）。そして、すべての部分的システムが突然、「市民は成熟しており責任能力を持っている」とみなし始めたことで、個人は矛盾する要求に対応し、グローバルな不確実性の空間で「自分自身の人生」を生きるため、能動的なマネージメントを要求されることになる（Beck & Beck-Gernsheim 2002=2022: 47）。

このような脱埋め込みと再埋め込み、これらに伴う能動的なマネージメントの要求は子どもにも波及する。例えば、子ども社会学者のプラウトは、経済のグローバリゼーションは、子どもが育つ社会的・経済的環境を変化させ、子どもを社会的世界に参加する能動的な存在として位置づける新しい「子ども」を構築していると指摘する（Prout 2005=2017: 53）。

では、このように指摘される社会変動とそれにともなう「子ども」の構築を、今後どのような視角から検証することができるだろうか。

社会学者の元森絵里子は、現代の「子ども」を考える際には、複雑化する社会変動へ目配りしながら、「子どもとは何か」「何が子どものためか」を語る際に持ち出される「子どもの視点」「声」「意見」や「未熟さ」「脆弱さ」がどのような社会の布置のなかで構築されるのかを描き出す作業が必要だと主張する。近代においては「抑圧批判／子ども尊重」の掛け声を繰り返しながら「子ども」という主体が特定の統治のなかに位置づけられてきた。社会経済的な分断が加速し、子どもも含んだ個人化が進む現代社会では、子どものエイジェンシーはより複雑化するモノと言説の配置のなかで実現され、統治は「子どもの規律的主体化を内包した統治から、より複雑な能動性を組み込んだ統治」（強調は筆者）に変容しているという見立てを提示する（第1章）。

これらの指摘をふまえ、今後、家族変動と子どもをめぐる理論的・経験的研究をさらに展開させるためには、さまざまなレベルでの社会変動と「子ども」の構築、例えば法制度レベル、メディアのレベル、日常生活レベルでの構築や、それに関与する子どもを含むさまざまなアクターの実践を突き合わせて検証していく必要があるだろう。本書はそのためのささやかな一歩である。

注

（1）なお、親の個人化を父親の個人化／母親の個人化に分けたり、さらに子どもの性別にも留意したりすれば、親の個人化に関する子どもの経験の議論をより深められるだろう。

（2）ちなみに、「当事者参加」についてはさまざまな事例でその陥穽が指摘されている。例えば、小児喘息の「一般向け診療ガイドライン」作成委員にインタビューをした畠山（2013）によると、ガイドライン作成プロセスを通じて患者・支援者委員の多様性が削減され、医師委員の指導や患者・支援者委員による医学的知識・エビデンス志向の内面化が起こったことから、「患者の視点」には医療者の主導性が巧妙に織り込まれる可能性が潜んでいるという。

（3）野田（2004）は読売新聞の身の上相談を分析し、子どもをめぐる家族の愛情を分節化して考察している。一九五〇年代までは子ども自身による親批判は人生案内の回答者によって厳しく禁じられていたが、一九六〇代後半になると許されるようになり、親の要件がアプリオリなものから、子どもとの関係によって評価されるべきものになったと分析する（野田 2004: 93）。また、かつては親子の間にコミュニケーションがなくても愛情さえあれば親は親として認められていた。しかし、現在はたとえ愛情があってもコミュニケーションがなければ、親や家族として失格とされる傾向があるという（野田 2004: 94）。なお、言説の変化が社会の変化と単純に対応するわけではないことも指摘している（野田 2004: 97）。

（4）（現在では実務で推奨されていないが）養親が白人で養子が黒人など異人種間養子縁組による親子関係も「交差性」の視点から考察することができるかもしれない。

（5）ケアの経験的研究は、論点がケア倫理／ケア労働／ケアの相互行為にかかわらず、また、家族によるケア／専門職によるケアにかかわらず、圧倒的にケアの与え手の経験を記述・分析してきた。受け手の経験に関する研究は、身体障害者や患者についてはあるものの、高齢者は少なく、まして子どもを扱う研究は非常に少ない。その意味で本書の第4章・第5章は非常に貴重な研究だといえる。

（6）親が子どもを遺棄したり放置したりすれば保護責任者遺棄罪に問われる。子どもは生まれた後に養育者を確保するため親（親権者）が確定され、未成年の間は親権（財産管理権、身上監護権）に服さなければならない。親が親権を放棄したいと考えた場合は、親権者辞任の申立を、一方、子どもが親権者から離れたいと考えた場合は、親権停止や親権喪失の申立を家庭裁判所にできる。しかし、どちらも非常に限られた条件のもとでしか認められず、認められたとしても親権に含まれない扶養義務や相続権などの法律上の親子関係は残る。ちなみに、普通養子縁組を利用すれば当事者の合意で法律上の親子関係を形成し、解消もできるが、養子が未成年者の場合は家庭裁判所の許可が必要である（ただし、養親となる者が自己または配偶者の子や孫など直系卑属を養子とする場合は、家庭裁判所の許可は必要ない）。養子となる子どもが十五歳未満の場合は法定代理人（親権者など）が代りに縁組を承諾する。満十五歳に達した子どもは法定代理人の同意無しに自分の意思で養子縁組を行なうことができる。養子縁組すれば親権は養親に移るが、実親と養子の間の法律関係（扶養、相続など）はそのまま残る。

（7）なお、法制度レベルでは、個人化によるカップル関係の弛緩に連動して、親子関係も弛緩しているわけではない。むしろ逆に親子関係における選択不可能性、解消困難性が強化されているようだ。共同親権や「子どもの出自を知る権利」の法制化（を求める動き）がその一例だろう（野辺 2018: 15）。

（8）ただし、一般的に、ケアの受け手がケアの与え手を変えることには負担（スイッチング・コスト）がかかる（三井 2018: 103）。

文献

Beck, Ulrich & Beck-Gernsheim, Elisabeth, 2002, *Individualization: Institutionalized Individualism and its Social and Political Consequences*, SAGE.（中村好孝ほか訳 2022『個人化の社会学』ミネルヴァ書房）

ベック・ウルリッヒ 2011a「個人化の多様性――ヨーロッパの視座と東アジアの視座」ウルリッヒ・ベック・鈴木宗徳・伊藤美登里編『リスク化する日本社会――ウルリッヒ・ベックとの対話』岩波書店、15-35

―― 2011b「個人化する日本社会のゆくえ――コメントに対するコメント」ウルリッヒ・ベック・鈴木宗徳・伊藤美登里編『リスク化する日本社会――ウルリッヒ・ベックとの対話』岩波書店、245-74

Cheal, David, 2002, *Sociology of Family Life*, Palgrave Macmillan.（野々山久也監訳 2006『家族ライフスタイルの社会学』ミネルヴァ書房）

出口顕 2021「DIで親になる――海外の精子バンク利用者の思い」『社会文化論集』17: 31-42

畠山洋輔 2013「患者視点をつくりだす――一般向け小児喘息診療ガイドライン作成過程の検討」『社会学評論』63(4): 552-68

林明子 2016『生活保護世帯の子どものライフストーリー――貧困の世代的再生産』勁草書房

広田照幸 2002「家族のゆくえを問う」広田照幸編『〈理想の家族〉はどこにあるのか？』教育開発研究所、249-61

―― 2006「第1部 家族の変動 解説」広田照幸編『リーディングス 日本の教育と社会3 子育て・しつけ』日本図書センター、21-5

石塚幸子 2021「精子提供で生まれた子どもの立場から考える『出自を知る権利』について」『養子縁組と里親の研究――新しい家族』64: 37-43

小玉亮子 1996「語らない子どもについて語るということ――教育『病理』現象と教育研究のアポリア」『教育学研究』63: 286-93

松村智史　2020　『子どもの貧困対策としての学習支援によるケアとレジリエンス――理論・政策・実証分析から』明石書店
三井さよ　2018　『はじめてのケア論』有斐閣
宮坂靖子　2022　「はじめに」宮坂靖子編『ケアと家族愛を問う――日本・中国・デンマークの国際比較』青弓社、9-18
森田明美　2014　「子どもの権利を基盤にした児童福祉を考える――10代ママの地域生活を手がかりにして」『家族研究年報』39: 17-36
本村めぐみ　2011　「ひとり親家族を生きる子どもの発達支援――子どもたちへのインタビュー調査を通して」『和歌山大学教育学部紀要』61: 127-35
二宮周平　2022a　「家族と法制度の変容」二宮周平・風間孝編『家族の変容と法制度の再構築――ジェンダー／セクシュアリティ／子どもの視点から』法律文化社、1-23
――　2022b「血縁・婚姻から意思へ――家族の法制度の再構築」二宮周平・風間孝編『家族の変容と法制度の再構築――ジェンダー／セクシュアリティ／子どもの視点から』法律文化社、343-62
野辺陽子　2016　「〈ハイブリッド〉性からみる『ハイブリッドな親子』のゆくえ――融合・反転・競合」野辺陽子・松木洋人・日比野由利・和泉広恵・土屋敦『〈ハイブリッドな親子〉の社会学――血縁・家族へのこだわりを解きほぐす』青弓社、174-98
――　2018　『養子縁組の社会学――〈日本人〉にとって〈血縁〉とはなにか』新曜社
――　2020　「特別養子縁組から見えてきた『多様な親子』と支援の課題」『福祉社会学研究』17: 51-66
信田さよ子　2008　『母が重くてたまらない――墓守娘の嘆き』春秋社
野田潤　2004　「『子どもにとっての家族』の意味とその変容」『相関社会科学』14: 85-100
――　2008　「『子どものため』という語りから見た家族の個人化の検討――離婚相談の分析を通じて（1914～2007）」『家族社会学研究』20(2): 48-59
大江洋　2022　「子どもの権利保障――親子法制の見直し」二宮周平・風間孝編『家族の変容と法制度の再構築――

ジェンダー／セクシュアリティ／子どもの視点から』法律文化社、279–96
大日向雅美　2002　「母性愛神話・三歳児神話をどう見るか」広田照幸編『〈理想の家族〉はどこにあるのか？』教育開発研究所、46–56
――　2015　『増補 母性愛神話の罠』日本評論社
岡野八代　2015　「ケアの倫理と福祉社会学の架橋に向けて――ケアの倫理の存在論と社会論より」『福祉社会学研究』12: 39–54
Prout, Alan, 2005, *The Future of Childhood; Towards the Interdisciplinary Study of Children*, Routledge.（元森絵里子訳　2017『これからの子ども社会学――生物・技術・社会のネットワークとしての「子ども」』新曜社）
阪井裕一郎　2012　「家族の民主化――戦後家族社会学の〈未完のプロジェクト〉」『社会学評論』63(1): 36–52
志田未来　2021　『社会の周縁を生きる子どもたち――家族規範が生み出す生きづらさに関する研究』明石書店
田中理絵　2009　『家族崩壊と子どものスティグマ〔新装版〕――家族崩壊後の子どもの社会化研究』九州大学出版会
土屋葉　2002　『障害者家族を生きる』勁草書房
上野千鶴子　2009　「家族の臨界――ケアの分配公正をめぐって」牟田和恵編『家族を超える社会学――新たな生の基盤を求めて』新曜社、2–26
――　2011　『ケアの社会学――当事者主権の福祉社会へ』太田出版
我妻栄ほか　1959　「親族法改正の問題点（下）」『ジュリスト』186: 2–19
山田昌弘　2004　「家族の個人化」『社会学評論』54(4): 341–54
山根真理　1999　「親子関係研究の展開と課題」野々山久也・渡辺秀樹編『家族社会学入門――家族研究の理論と技法』文化書房博文社、226–54

おわりに

野辺陽子

本書を編む動機は、何よりも家族をめぐる子どもの「生きづらさ」を言語化し、子どもをひとりの意思を持った相互行為の主体として（家族）社会学のなかに積極的に位置づけたいというところにあった。

この動機には編者である私の研究史がかかわっている。私は主に養子縁組や里親養育による家庭で育つ（成人した）子ども（元）当事者へインタビュー調査を行ってきた。子ども（元）当事者が語る家族に関する経験や葛藤は、親・養育者や専門家が解説するものと重なる部分ももちろんあるものの、一方で、そこからはみ出るようなものもたくさんあった。匿名のインターネットの空間に目を向ければ、親には言えない親子関係の悩みや葛藤、制度や支援やメディアの報道への違和感を書き込んだり語ったりする子どもをいくらでも目にすることができる。しかし、（家族）社会学の議論はこれらの訴えを今のところあまり取り上げていないようだ。

前期親子関係（未成年子と親との関係）の研究では子育てが大きな論点となるが、そこで焦点が当たるのは主に親（特に母親）であり、子ども自身の主観的経験に光が当たることはあまりない。もちろん、序章で述べたように、その背景には子どもを調査対象とする際のアクセスの難しさがあるだろう。また、アクセスの難しさと表裏一体の関係にあると思われるが、親子関係における子どもの経験や意識を分析する枠組みもあまりなく、現在まで子どもを対象とした理論的・経験的研究は手薄な状態である。家族関係のなかでも夫婦関係については、役割関係、勢力関係、情緒関係などの分析枠組みがあり、夫婦一体視が相対化され、夫婦関係の調査の際に夫が妻の経験を代弁することはないが、親子関係については、「子どもの社会化」のほかは分析枠組みがほぼなく、親子一体視は相対化されつつあるものの、依然として親子関係の調査の際に親が子どもの経験を代弁することが多いのではないだろうか（もちろん、子どもの年齢が低ければそうせざるをえないことも事実であるが）。

一方、子どもを意思を持った主体としてとらえる研究は、近年、児童福祉の分野で活発化している。「子どもの権利」「子どもの声」を重視する動きが加速し、「子どもの権利」の具現化やそれを支える「子どもアドボカシー」などの議論が興隆している。だが、自分のフィールド（養子縁組や里親養育）に目を向けると、子どもの経験や意見は多様にもかかわらず、専門家や運動家などは推進したい支援や目指したい家族のかたち（それが従来の標準的な家族のかたちであれ、新しい非標準的な家族のかたちであれ）を正当化するため特定の「子どもの声」しか取り上げていないのではないか、と疑念をもつことが何度かあった。また、子どもを意思をもった主体ととらえることで、子どもが今まで忍従してきた抑圧から解放されることが期待されると同時に、場合によっては「自己責任」などの（ネオ）リベラリズムの主体化という「負の側面」も引き受ける可能性も考えられ（この両義性については、「はじめに」の冒頭で引用した小説の中のセリフを通じて表象しようとしたつもりである）、現在の動きの延長線上に意図せざる新たな問題も出てくるのではないかという懸念もあった。そのため、理念レベルの議論だけでなく、実際に当事者である子どもに何が起こっていくのかを注視する必要があると考えていた。

このような問題関心のもと、現に存在している子どもの「生きづらさ」を言語化し、社会学的な議論に位置づけていくことが本書の挑む課題となった。

この課題に取り組むことは実は難しい。「子ども」あるいは「〇〇の子ども」(例えば「養子縁組家庭の子ども」)といっても、子どもの経験と意見は多様であり、一枚岩であるわけではないからだ(ゆえに、子どもの語りを聴けば聴くほど、「子どものため」に何をすべきかがむしろわからなくなるという側面すらある)。また、本書の中で既述したが、子どもの経験や意見などのリアリティは子どもを取り巻く関係性や文脈などから影響を受けて形成されるものであり、さらに、それらが他者へ向けた語りとなる段階でさまざまなポリティクスが働くため、安易に本質化することはできない。

「子どもの経験」「子どもの声」の安易な本質化には抵抗しながら、「子ども」というカテゴリーに割り当てられている人びとに特徴的にみられる葛藤とその背景にある構造や関係性を記述していくこと、換言すれば子どもの「生きづらさ」をめぐる語りを相対化しながら、子どもの「生きづらさ」を主張していく、という実にアクロバティックな作業に本書は挑むことになった。

このような複雑・困難な作業を行なうにあたって、本書は「複雑なものを複雑なまま」単純化せず、しかし議論を整理して言語化することを目指したつもりである。この試みが成功しているかどうかは読者の評価を待たねばならない。

今回の本が完成するまでには何人もの方に貴重なコメントをいただいた。大都市研の土屋敦さん、齋藤圭介さん、小山治さんからは本書の構想の段階から多角的かつ刺激的なコメントをいただいた。おかげで本書（の序章と終章）の内容をブラッシュアップすることができた。フィールド研の伊藤智樹先生、佐藤恵先生、水津克義先生、三井さよ先生からは「論文の魂」という言葉のもと、いつも核心を鋭く突く、熱いコメントをいただいている。

新曜社の編集者の清水檀さんには何度も丁寧に原稿を読んでいただき、励ましていただいた。伴走していただいたおかげで、何とか本書を完成させることができた。記してお礼申し上げたい。ありがとうございました。

二〇二二年六月　異常気象の猛暑のなかで

著者略歴

野辺陽子（のべ・ようこ）

1970年、千葉県出身。日本女子大学人間社会学部現代社会学科准教授。専攻は、家族社会学、アイデンティティ論、マイノリティ研究。著書に、『養子縁組の社会学 ――〈日本人〉にとって〈血縁〉とはなにか』（2018年、新曜社、福祉社会学会第5回学術賞・日本社会学会第18回奨励賞（著書の部）・日本家族社会学会第2回奨励著書賞）。共著書に、『〈ハイブリッドな親子〉の社会学 ―― 血縁・家族へのこだわりを解きほぐす』（2016年、青弓社）など。

元森絵里子（もともり・えりこ）

1977年、東京都出身。明治学院大学社会学部教授。専攻は、歴史社会学、子ども社会学。 著書に、『「子ども」語りの社会学 ―― 近現代日本における教育言説の歴史』（2009年）、『語られない「子ども」の近代 ―― 年少者保護制度の歴史社会学』（2014年、ともに勁草書房）、共編著書に、『子どもへの視角 ―― 新しい子ども社会研究』（2020年、新曜社）、共著書に、『多様な子どもの近代 ―― 稼ぐ・貰われる・消費する年少者たち』（2021年、青弓社）など。

野田 潤（のだ・めぐみ）

1979年、長崎県出身。東洋英和女学院大学人間科学部人間科学科専任講師。専攻は、家族社会学。共著書に、『平成の家族と食』（2015年、晶文社）、『社会学講義』（2016年、ちくま新書）。論文に、「『子どものため』という語りから見た家族の個人化の検討 ―― 離婚相談の分析を通じて（1914～2007）」（『家族社会学研究』20巻2号所収、2008年、日本家族社会学会第5回奨励論文賞）など。

日比野由利（ひびの・ゆり）

1973年、京都府出身。金沢大学融合学域融合科学系助教。専攻は、社会学。共著書に、二宮周平編『LGBTQの家族形成支援 ―― 生殖補助医療・養子＆里親による』（2022年、信山社）、小浜正子・板橋暁子編『東アジアの家族とセクシュアリティ ―― 規範と逸脱』（2022年、京都大学学術出版会）など。

三品拓人（みしな・たくと）

1989年、岐阜県出身。関西大学社会学研究科特別研究員（PD、日本学術振興会）。専攻は家族社会学。論文に、「児童養護施設における日常生活の社会学 ――「家庭的な養育環境」の再検討」（2021年、公益社団法人程ヶ谷基金、男女共同参画・少子化関連顕彰事業第12回奨励賞（論文の部））など。

根岸 弓（ねぎし・ゆみ）

1979年、埼玉県出身。法政大学現代福祉学部臨床心理学科助教。専攻は、児童家族福祉。共著書に、本澤巳代子編『家族のための総合政策Ⅳ ―― 家族内の虐待・暴力と貧困』（2017年、信山社）、井上英夫ほか編『社会保障レボリューション ―― いのちの砦・社会保障裁判』（2017年、高菅出版）。翻訳書に、ブノワ・リウーほか編著『質的比較分析（QCA）と関連手法入門』、（石田淳ほか監訳、2016年、晃洋書房）など。

新曜社 家族変動と子どもの社会学
子どものリアリティ／子どもをめぐるポリティクス

初版第1刷発行 2022年12月20日

編 者 野辺陽子
著 者 元森絵里子・野田 潤・日比野由利・
三品拓人・根岸 弓
発行者 塩浦 暲
発行所 株式会社 新曜社
101-0051 東京都千代田区神田神保町3-9
電話 (03)3264-4973(代)・FAX (03)3239-2958
e-mail：info@shin-yo-sha.co.jp
URL：https://www.shin-yo-sha.co.jp/

印 刷 中央精版印刷株式会社
製 本 中央精版印刷株式会社

ISBN978-4-7885-1795-0 C3036